Things I Wish I'd Known Before We Got Married

게리 채프먼 지음 | 김태곤 옮김

결혼 전에 꼭 알아야 할 12가지

한 권으로 끝내는 알짜배기 결혼 준비 가이드

생명의말씀사

THINGS I WISH I'D KNOWN BEFORE WE GOT MARRIED
by Gary Chapman

This book was first published in the United States by Moody Publishers,
820 N. LaSalle Blvd., Chicago, IL, 60610,
with the title *Things I Wish I'd Known Before We Got Married*
Copyrigh ⓒ 2010 by Gary Chapman
All rights reserved.

Korean Edition published by Word of Life Press, Seoul, 2010.
Translated by permission.
Printed in Korea.

결혼 전에
꼭 알아야 할 12가지

ⓒ 생명의말씀사 2010

2010년 12월 10일　1판　1쇄 발행
2024년 5월 2일　　　16쇄 발행

펴낸이 | 김창영
펴낸곳 | 생명의말씀사

등록 | 1962. 1. 10. No.300-1962-1
주소 | 서울시 종로구 경희궁1길 6(03176)
전화 | 02)738-6555(본사) · 02)3159-7979(영업)
팩스 | 02)739-3824(본사) · 080-022-8585(영업)

기획편집 | 전보아
디자인 | 박소정, 박인선
인쇄 | 예원프린팅
제본 | 보경문화사

ISBN 978-89-04-14125-8 (03230)

저작권자의 허락없이 이 책의 일부 또는 전체를
무단 복제, 전재, 발췌하면 저작권법에 의해 처벌을 받습니다.

결혼 전에 꼭 알아야 할 12가지

한 권으로 끝내는 알짜배기 결혼 준비 가이드

머 리 말

결혼식보다는
결혼생활을 준비하라

　인류학 전공으로 학사와 석사 과정을 마친 나는 40여 년 동안 인간 문화에 대해 계속 공부해 왔다. 그 과정에서 한 가지 분명한 결론에 도달했다. 남녀 간의 결혼이 모든 인간 사회의 기초라는 것이다. 대부분의 사람들은 성인이 되면 결혼을 한다. 미국에서는 매년 200만 쌍 이상이 결혼하는데, "이 사람을 당신의 배우자로 맞이하겠습니까?"라는 주례자의 질문에 "네."라고 대답하는 사람이 400만 명 이상이라는 뜻이다. 이 부부들은 앞으로 '행복하게 살아갈 것'을 기대한다. 자신이나 배우자의 결혼생활이 비참해지기를 바라는 사람은 아무도 없다. 하지만 서구 문화권에서 이혼율은 무려 50%에 달하며, 결혼 후 7년 내에 이혼하는 비율이 가장 높다.

  결혼할 때 이혼을 생각하는 사람은 없다. 이혼은 결혼 준비를 제대로 못했거나 친밀한 팀 동료로서 협력하는 기술을 배우지 못한 데 따르는 결과이다. 아이러니하게도 다른 일에서는 교육의 필요성을 느끼면서도 결혼에 대해서는 그렇게 느끼지 않는 것 같다. 사람들은 대부분 결혼 준비보다 직업을 준비하는 데 훨씬 더 많은 시간을 쏟아붓는 경향이 있다. 그래서 어찌 보면 행복한 결혼생활이라는 목표보다 성공적인 직장생활이라는 목표를 성취하는 사람들이 더 많은 게 그리 놀라운 일이 아닐지도 모른다.

  결혼에 대한 결정만큼 각자의 삶에 더 깊은 영향을 미치는 것은 없다. 그럼에도 사람들은 행복한 결혼을 위한 준비를 제대로 하지도 않고 결혼에 무작정 돌진하고 본다. 사실 많은 커플들이 결혼생활을 위한 계획보다는 결혼식에 대한 계획에 훨씬 더 신경을 많이 쓰는 것 같다. 결혼식은 단지 몇 시간 동안 지속되는 것이지만, 결혼생활은 평생 지속되는 것이라는 사실을 기억하라.

이 책은 결혼식을 어떻게 치를 것인지에 대한 책이 아니라, 어떻게 하면 행복한 결혼생활을 누릴 수 있는지에 대한 책이다. 지난 35년 동안 나는 많은 부부들을 상담해 왔다. 그들은 산더미 같은 설거지 거리, 갚지 못한 빚, 울어 대는 아기 등 현실 세계에 부딪혀 행복한 결혼생활의 꿈이 산산조각 나 있었다. 그들 중에는 엄청나게 노력하고 몇 달 동안 상담을 받아 온 결과 결혼생활을 회복한 이들도 많았다. 그런 모습을 보면 나는 무척 보람을 느낀다.

문제에 부딪힌 부부들을 볼 때 결혼을 보다 철저히 준비했더라면 많은 갈등을 피할 수 있었을 것이라는 생각이 든다. 내가 이 책을 집필한 이유도 바로 그 때문이다. 나는 당신이 그들이 저지른 실수들을 통해 배우기를 바란다. 그렇게 하는 것이 자신의 실수를 통해 배우는 것보다 훨씬 덜 고통스러울 것이다. 나는 당신이 마음속에 그리는 사랑이 넘치고, 서로 돕고, 서로 유익을 나누는 결혼생활을 하기를 바란다. 하지만 결혼만 하면 자연스럽게 그런 행복이 뒤따르는 것은 아니다. 그런 생활을 가능하게 해줄 검증된 지침을 발견하고, 그 지침대로 연습할 시간이 필요하다.

아직 진지하게 만나는 사람이 없거나 결혼을 계획하고 있지 않은 사람은 이 책에서 결혼으로 나아가게 하는 청사진을 발견하게 될 것이다. 그리고 데이트 중이지만 아직 약혼하지 않은 커플에게는 이 책이 결혼 결정에 도움을 줄 것이고, 약혼한 커플은 이 책을 통해 행복한 결혼생활에 꼭 필요한 기술을 배울 수 있을 것이다.

나의 신혼생활을 돌아볼 때 '이 책에 수록된 내용을 누군가가 내게 들려주었더라면 좋았을 텐데.' 하는 생각이 들었다. 그랬다면 나는 그 말에 귀를 기울였을 것이다. 하지만 우리 세대에는 '결혼을 위한 준비'

라는 개념이 없었다. 나의 결혼생활에 대한 진솔한 이야기를 읽고 우리 부부가 경험했던 고통과 실망을 당신은 피해 갈 수 있기를 바란다.

 이 책을 읽는 데서 그치지 말고 꼭 실천으로 옮겼으면 한다. 여기 논의된 주제들을 파악하려고 애쓰고, 당신의 생각과 감정을 솔직하게 나누고, 서로의 의견을 존중하며, 서로의 차이에 대한 해결책을 찾으려고 노력하라. 그런 노력이 많을수록 결혼 준비도 더 잘할 수 있을 것이다. 이 주제들을 무시하고 서로에 대한 도취감만으로 행복해질 수 있다고 믿고 있는가? 그런 믿음이 클수록 더 많은 좌절을 경험하게 될 것은 자명하다. 나는 당신이 결혼을 그 어떤 인간관계보다도 가장 중요한 관계로 여기고 잘 준비하기를 바란다. 당신이 결혼에 최선을 다해 온전한 관심을 기울일 때 달콤한 결혼생활의 꿈을 이룰 수 있을 것이다.

_ 게리 채프먼

머리말 _결혼식보다는 결혼생활을 준비하라 5

01.
사랑이 행복한 결혼생활을
보장하지는 않는다 15

02.
사랑의 콩깍지는
머지않아 벗겨진다 23

03.
부전자전, 모전여전이란 말을
허투루 들어서는 안 된다 37

CONTENTS

04.
갈등을 피할 수는 없지만
대비할 수는 있다 45

05.
사과하는 방법도
가지가지이다 57

06.
용서는 감정이 아니라
결단이다 73

07.
화장실은 저절로
깨끗해지지 않는다 85

08.
돈 사용 계획을 세워두면
싸움이 줄어든다 95

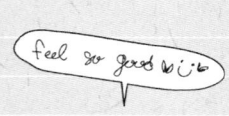
09.
성적 만족은 거저
주어지는 것이 아니다 107

CONTENTS

10.
결혼은 둘이 아니라
가족과 하는 것이다 117

11.
그리스도인이라도
믿음의 색깔은 다르다 133

12.
성격 차이,
그리 만만한 것이 아니다 147

맺는 말 _보다 현실적인 시각으로 169
부록 1 _건강한 데이트 관계를 위해 175
부록 2 _결혼생활에 관한 성경 말씀 196
부록 3 _부부를 위한 기도제목 200

01.
사랑이 행복한 결혼생활을 보장하지는 않는다

'사랑이 행복한 결혼생활을 보장하지는 않는다' 는 이 명백한 사실을 나는 깨닫지 못했다. 나는 결혼에 관한 책을 읽어 본 적이 없어서 힘든 현실에 부딪혔을 때 혼란스러웠다.

다른 어떤 여자에게서도 느끼지 못했던 뜨거운 감정을 캐롤린에게서 느꼈다. 캐롤린과 키스했을 때에는 마치 천국 여행을 하는 기분이었다. 오랜만에 그녀를 만나면 몸에 전율이 일 정도로 반가웠고, 그녀의 모든 것이 좋았다. 그녀의 관점과 말투와 걸음걸이가 좋았고, 특히 그녀의 아름다운 갈색 눈에 푹 빠졌다. 심지어 나는 그녀의 어머니도 좋아했다. 그녀의 집을 페인트칠 할 때 적극적으로 도울 정도로 내가 그녀를 얼마나 사랑하는지 보여 주기 위해서라면 무슨 일이든 마다하지 않았다. 그녀보다 더 근사한 여자를 상상할 수조차 없었다. 그녀도 나에 대해 같은 생각과 감정을 지녔었을 것이라고 생각한다. 이런 생각과 감정대로라면 남은 생애 동안 당연히 서로를 행복하게 해줄 수 있을 것이라고 확신했다.

그러나 결혼한 지 6개월이 채 못 되어 그 확신은 산산조각 났다. 그렇게 되리라고는 상상도 못했었다. 서로에 대한 도취감이 사라지고, 대신에 마음속에 상심과 분노와 실망이 자리잡았다. 서로를 너무나 사랑했던 우리로서는 미처 예상하지 못했던 상황이었다. 서로에 대한 긍정적인 생각과 감정이 평생 지속될 것이라고 믿어 왔기 때문이다.

지난 30여 년 동안 나는 결혼을 앞둔 커플들을 위한 상담 강좌를 해왔다. 그들 중 대부분은 사랑하는 사람과의 관계에 대해 나처럼 제한된 시각을 지니고 있었다. 나는 첫 강좌 때에 종종 이런 질문을 던진다.

"여러분이 결혼하려는 이유는 무엇인가요?"

그러면 대답은 거의 항상 같다.

"서로 사랑하기 때문이죠."

나의 질문을 들을 때 그들은 대개 어리둥절해한다. 그리고 대부분은 서로를 향한 깊은 감정에 대해 말한다. 그 감정은 어떤 면에서 다른 데이트 상대들에게서 느꼈던 것과는 다르다. 종종 그들은 서로를 바라보며 킥킥대고 웃는다. 그러고 나서 "저……선생님도 아시잖아요."라고 말한다. 물론 지금 나는 알고 있다. 하지만 그들도 알고 있을지에 대해서는 의문이다. 그들이 안다는 것은 캐롤린과 내가 결혼했을 때 지녔던 사랑 개념과 같은 것이 아닐까 하는 생각이 든다. 사랑에 빠진다고 해서 행복한 결혼생활의 기초가 놓이지는 않음을 지금 나는 아주 잘 알고 있다.

얼마 전 한 젊은 청년으로부터 전화가 왔다. 결혼식 주례를 부탁하는 전화였다. 결혼식이 언제인지를 묻자 일주일도 채 남지 않았다고 했다. 나는 결혼을 원하는 이들과 대개 6-8회 정도 상담을 한다고 설명했다. 그러자 그가 전형적인 반응을 보였다.

"솔직히 말씀드리면 저희에게는 상담이 필요 없다고 봐요. 저희는 서로를 끔찍히 사랑하고 있고, 아무런 문제도 없거든요."

나는 '사랑 환상에 빠진 희생자가 또 한 명 생겼구나!' 하는 안타까운 마음에 쓴 미소를 지었다.

종종 우리는 '사랑에 빠지는 것'에 대해 말한다. 이 말을 들을 때 나는 '정글 사냥'을 상상하게 된다. 짐승이 다니는 길에 깊은 구덩이를 판 후에 나뭇가지와 잎들로 위장한다. 가련한 짐승이 뛰어다니다가 갑

자기 그 함정에 빠져 버린다. 우리가 말하는 사랑이 이런 식이다. 우리는 일상적인 일로 분주히 다니다가 갑자기 어디선가 짝을 만난다. 그리고 사랑에 '뽕' 하고 빠진다. 어떻게 해볼 도리도 없이 그 마음이 마음대로 제어되지 않는다. 둘은 결혼할 운명이라고 생각해서 친구들에게 말한다. 그들은 우리가 서로를 진정으로 사랑한다면 결혼해야 한다며 동조한다.

종종 우리는 둘의 사회적, 영적, 지적인 관심이 전혀 딴판이라는 사실을 고려하지 못한다. 둘의 가치관과 목표는 정반대이지만, 어쨌든 우리는 사랑에 빠져 있다. 이런 사랑 개념 때문에 결혼한 지 1년 후에 그들은 상담가를 찾아간다. 그리고 "저희는 더 이상 서로를 사랑하지 않아요."라고 말한다. 그들은 헤어질 준비가 되어 있다. 결국 '사랑'이 사라졌다면 '같이 살 수가 없다'는 것이다.

두근두근 설레는 감정

위에 묘사된 감정을 다른 말로 표현할 수 있다. 그것은 '설렘'이다. 이성에 대해 화끈거리고 두근대는 감정을 느낀다. 함께 맛있는 음식을 사먹으러 나서도록 자극하는 감정이다. 첫 데이트 때 상대방의 어떤 모습을 발견하고는 그 설렘이 멈추기도 한다. 다음 번에 맛있는 것을 먹으러 가자는 말을 들을 때 별로 마음이 내키지 않는다. 그런가 하면 함께 있을수록 더 설레게 하는 사람도 있다. 오래지 않아 그 사람을 밤낮으로 생각한다. 자신이 아는 사람들 중 가장 멋지다는 생각이 들면서 가능한 한 오랫동안 함께 있고 싶다. 남은 생애를 함께하면서 서로를 행복하게 해줄 것을 꿈꾼다.

내 말을 오해하지 말기를 바란다. 나도 설렘을 중요하게 여기는 사람 중의 하나이다. 그러나 설렘이 만족스러운 결혼생활의 기초는 아니라는 점을 강조하고 싶은 것이다. 설렘 없는 결혼을 권장하는 것도 아니다. 화끈거리고 두근대는 감정, 전율, 설레게 하는 스킨십은 아이스크림 위에 얹은 체리 같은 역할을 한다. 하지만 체리만으로는 달콤한 아이스크림을 맛볼 수 없다.

결혼을 결정할 때에는 이 책에서 논의하는 다른 여러 요소들도 반드시 살펴봐야 한다.

사랑에 빠지는 것은 감정적이며 집착적인 경험이라 할 수 있다. 그러나 감정은 변하고 집착은 흐릿해지기 마련이다. 연구에 의하면, '사랑'의 집착은 평균적으로 2년 간 지속된다.[1] 사람에 따라 그 기간이 더 길

---

1) Dorothy Tennov, *Love and Limerence* (New York: Stein and Day, 1972), p. 142.

거나 짧지만 평균은 2년이다. 그 후에는 감정적으로 하락하기 시작하고, 도취 상태에서 간과했던 삶의 부분들이 중요해지기 시작한다. 서로의 차이점이 나타나기 시작하며, 한때 완벽하게 여겼던 사람과 자주 말다툼을 벌인다. 이제야 사랑에 빠지는 것이 행복한 결혼생활을 위한 기초가 아님을 발견하게 된다.

현재 데이트 중이거나 결혼을 앞두고 있는 사람들은 이 책의 부록을 꼭 읽어 보기 바란다. 데이트의 주요 목적은 서로를 알아가면서 결혼을 위한 지적, 감정적, 사회적, 영적, 신체적 기초를 점검하는 데 있다. 그런 후에야 비로소 결혼할 것인지의 여부를 지혜롭게 결정해야 한다. 부록에 수록된 질문들이 이 기초들을 찬찬히 검토해 볼 수 있도록 도와줄 것이다.

THINGS I WISH I'D KNOWN BEFORE WE GOT MARRIED

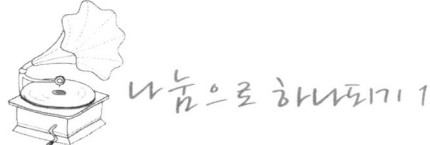
나눔으로 하나되기 1

1. 처음에 상대방의 어떤 면에 매력을 느꼈는가? 평생 함께할 수 있을 것이라고 생각하게 만들었던 상대방의 특성은 무엇이었나?

2. 행복한 결혼생활을 한다고 보이는 부부들에 대해 서로 얘기해 보라.

3. 우리의 문화와 대중매체는 어떻게 결혼에 대해 심사숙고하기보다는 감정에 치우치게 하는지에 대해 토론해 보라.

4. 결혼생활에서 차이점이 드러날 때 그 이질감을 해결할 수 있는 방법은 무엇일까?

02.
사랑의 콩깍지는 머지않아 벗겨진다

　　　　내가 잰을 만난 것은 공항에서였다. 그녀는 주말을 함께 보내려고 약혼자를 만나러 가는 중이었다. 어디로 가느냐는 그녀의 물음에, 나는 내일 결혼 세미나를 인도하려고 위스콘신주 밀워키로 가고 있다고 말했다. "결혼 세미나에서 뭘 하나요?" 하고 그녀가 물었다. "결혼생활을 잘할 수 있도록 실제적인 조언을 해줍니다."라고 내가 대답했다. 그녀는 의아한 눈으로 물었다. "결혼생활에 대한 조언이 꼭 필요한가요? 서로 사랑한다면 그것으로 충분하지 않은가요?" 나는 그녀의 말이 진심에서 나온 것임을 알고 있었다. 나 역시 결혼 전에 그렇게 생각했기 때문이다.

비행기 이륙 시간이 한참 남아서 나는 두 단계의 로맨틱한 사랑에 대해 그녀에게 설명해 주었다. 1단계에서는 별다른 노력이 거의 필요하지 않다. 도취감에 이끌리기 때문이다. 소위 '사랑의 콩깍지가 씌는 단계'이다. 사랑에 빠질 때 우리는 비용이나 희생을 생각하지 않고 기꺼이 서로를 위해 행동한다. 주말을 함께 보내기 위해 먼 거리를 차로 달리며, 비행기 타는 것도 서슴지 않는다. 잰은 수긍의 뜻으로 고개를 끄덕였다. 사랑하는 사람의 눈에는 상대방이 완벽해 보인다. 내가 재빨리 말을 이었다.

"아가씨의 어머니는 다른 견해를 지녔을 수 있어요. '그 사람의 ~에 대해서는 생각해 봤니?' 하고 물어보실 수도 있죠."

잰은 미소를 지으면서 "맞아요! 어머니가 그런 말씀을 자주 하세요."라고 말했다.

사랑의 1단계에서는 서로의 관계를 위해 굳이 노력할 필요가 없다. 서로를 위해 힘든 수고를 하면서도 대수롭지 않게 여긴다. 상대방을 위해 무엇인가 의미 있는 일을 할 수 있다는 것에 대해 기뻐한다. 서로를 행복하게 하기를 원한다. 그러나 1장에서 말했듯이, 이 단계의 평균적인 지속 기간은 2년이다.

콩깍지 사랑의 단계가 평생 지속되지는 않는다. 이것은 오히려 다행스러운 일이다. 사랑에 빠지면 다른 일에 집중하기 힘들기 때문이다. 대학생이 사랑에 빠지면 성적이 떨어지기 쉽다. 내일 시험이 있어도 공부에 집중이 잘 되지 않으며, 공부가 사소하게 여겨진다. 사랑하는 사람과 함께 있는 것이 더 중요하다. 사랑하는 사람을 따라 먼 곳으로 이주하느라고 대학을 중퇴하고 서둘러 결혼하는 이들도 더러 있다.

이 콩깍지가 대학 시절로부터 20년 간 씌어 있다면 학업에서나 직장에서 좋은 성과를 내기 힘들 것이다. 사회적인 문제에 관여하거나 자선적인 노력을 기울이는 일도 없을 것이다. 사랑에 빠지면 다른 일들은 중요하지 않다. 오직 둘이 함께 있는 것과 서로를 행복하게 하는 일에만 집중하게 된다.

내가 결혼하기 전에는 사랑의 두 단계에 대해 아무도 내게 알려 주지 않았다. 나는 캐롤린과 사랑에 빠졌고, 그런 감정이 평생 지속되기를 바랐다. 그녀는 나를 행복하게 했고, 나도 그녀가 그렇게 느끼게 하고 싶었다. 그런 감정이 하향 곡선을 그리기 시작했을 때 비로소 나는 환상에서 깨어났다.

어머니가 경고해 주신 게 생각났고, '내가 결혼을 잘못했나?' 하는 생각에 괴로웠다. 만일 내가 결혼 상대를 잘 골랐다면 내 감정이 그토록 빨리 가라앉지는 않았을 것이라는 생각이 들었다. 서로의 모습이 너무나 달라서 괴로웠고, '그 사실을 왜 더 일찍 알지 못했을까?' 하고 후회했다.

사랑의 2단계

사랑에는 두 단계가 있고, 1단계에서 2단계로 전환해야 한다는 사실을 누군가가 내게 알려 주었으면 좋았을 것이다. 불행하게도, 그것을 내게 알려 준 사람이 아무도 없었다. 지금 독자에게 제시하려는 정보를 만일 내가 이전에 알았더라면 숱한 부부싸움을 피할 수 있었을 것이다.

내가 발견한 바에 의하면, 사랑의 2단계는 1단계보다 훨씬 더 계획적이다. 사랑의 감정을 계속 유지하려면 노력이 필요하다. 1단계로부터 2단계로 전환하기 위해 노력하는 사람에게는 놀라운 보상이 주어진다.

결혼 상담가로서 나는 사랑받는 느낌을 갖게 하는 것이 사람마다 다르다는 점을 발견하기 시작했다. 사랑에 빠진 감정이 느슨해지기 시작할 때 부부는 종종 서로에 대해 서운해한다.

"남편이 저를 사랑하지 않는 것 같아요."라고 아내가 말한다.

남편은 "전 이해가 안 됩니다. 전 열심히 일하고 있고, 차도 깨끗이 닦고, 주말마다 잔디도 깎고, 아내의 집안일도 도와요. 도대체 아내가 원하는 게 뭔지 모르겠습니다."라고 한다.

그녀는 이렇게 말한다.

"물론 남편이 그런 일을 죄다 하죠. 열심히 일하는 사람이기는 해요. 하지만 저희 사이에는 대화가 없어요."

나는 이와 유사한 이야기들을 매주 들었다. 그래서 상담할 때 적어 둔 메모들을 돌아보았다. 그리고 "제 배우자가 저를 사랑하지 않는 것 같아요."라고 말하는 사람들이 무엇을 찾고 있는지에 대해 생각해 보았다.

그들은 무엇을 원할까? 그들이 불평하는 것은 무엇일까? 그들의 불평은 5가지 범주로 분류되었다. 후에 나는 이들을 '5가지 사랑의 언어'라고 지칭했다.

우리가 사용하는 언어마다 방언이 있다. 나는 남부 스타일의 영어를 사용하며 자랐다. 누구나 자신이 사용하는 방언을 가장 잘 이해한다. 사랑에 있어서도 마찬가지다. 누구에게나 주된 사랑의 언어가 있다. 5가지 사랑의 언어 중 어느 하나가 다른 넷보다 정서적으로 더 깊게 다가온다. 나는 아내와 남편이 같은 사랑의 언어를 지닌 경우가 드물다는 사실을 발견했다. 본성적으로 우리는 자신의 언어로 말하는 경향이 있다. 우리는 자신이 사랑받고 있음을 느끼게 하는 것을 상대방에게 행한다. 그러나 만일 그것이 상대방의 언어가 아니라면 그에게는 별 의미가 없을 것이다.

위의 사례에서 남편의 사랑의 언어는 '봉사'였다. 그는 차를 닦고, 잔디를 깎고, 집안일을 도왔다. 그에게는 이것이 자신의 사랑을 표현하는 방식이었다. 하지만 아내의 사랑의 언어는 '함께하는 시간'이었다. 그녀는 "저희 사이에는 대화가 없어요."라고 말했다. 그녀가 사랑받는 느낌을 갖는 것은 남편이 관심을 집중하여 대화에 응하고, 삶을 나누며, 귀를 기울일 때였다. 남편이 진지하게 사랑을 표현하고 있었지만 그것은 아내의 주된 사랑의 언어가 아니었다.

이 연구에서 비롯된 책이 바로 『5가지 사랑의 언어』이다. 이 책은 영어판으로 5백만 부 이상 팔렸고, 전 세계의 38개 언어로 번역되었다. 이 책을 통해 수많은 커플들이 서로의 관계를 잇고 사랑의 감정을 유지하는 법을 배우고, 1단계에서 2단계로 나아갔다. 사랑을 효과적으로 표현하는 법을 배운 것이다.

5가지 사랑의 언어를 간략히 소개하면 다음과 같다.

1. 인정하는 말

이 언어는 다른 사람을 인정하는 말을 사용한다.

- "세차해 줘서 정말 고마워요. 차가 한층 근사해 보여요."
- "쓰레기를 버려 줘서 고마워요. 당신이 최고예요."
- "그렇게 차려 입으니 멋져요."
- "당신은 참 긍정적이라서 좋아요."
- "장모님을 도와드리기를 정말 잘했어요."
- "당신의 미소는 전염성이 있어요. 당신이 방 안에 들어서면 다들 얼굴이 환해지는 것 같았어요."

이들은 모두 인정하는 말들이다. 상대방의 성격이나 외모 또는 그가 당신이나 다른 사람들을 위해 한 일에 초점을 맞춘 말일 수도 있다. 이 언어로 말하려면 감사하거나 존중할 만한 면을 상대방에게서 살핀 후 그것을 말로 표현해야 한다. 만일 상대방의 주된 사랑의 언어가 인정하는 말이라면, 그에게는 그런 말이 마른 땅 위에 떨어지는 단비와도 같을 것이다. 다른 무엇보다도 인정하는 말이 당신의 사랑을 더 깊이 전해 줄 것이다.

2. 봉사

이런 사람들에게는 말보다는 행동이 더 중요하다. 만일 당신이 그들에게 "당신은 대단해요.", "고마워요.", "사랑해요."라며 인정하는 말을 하면 그들은 '당신이 나를 사랑한다면 집안일을 좀 도와주는 게 어떻겠어요?' 하고 생각할 것이다. 만일 봉사가 그들의 주된 사랑의 언어라면 그들로 하여금 사랑받는다고 느끼게 하는 것은 세차, 잔디 깎기, 집안일 돕기나 아기 기저귀를 갈아 주는 것 등이다. 그들을 사랑하는 비결은 그들이 해주기를 바라는 일을 찾아내는 것이다. 그리고 그 일을 꾸준히 하는 것이다.

3. 선물

어떤 사람들은 선물을 받을 때 자신이 사랑받고 있음을 가장 많이 느낀다. 선물을 받으면 '그가 나를 무척 생각하고 있구나.'라고 생각한다. 최상의 선물은 상대방이 고맙게 여길 만한 것이다.

낚시를 즐기지 않는 사람에게 낚싯대를 주는 것은 그다지 좋은 선물이 아니다. 상대방이 좋아하는 것을 어떻게 찾아낼 수 있을까? 직접 묻거나 관찰해 보면 된다. 다른 가족원에게서 선물을 받을 때 그가 하는 말을 유심히 들어보라. 그러면 그가 가장 좋아하는 선물을 알아낼 수 있다. 쇼핑 카탈로그나 TV홈쇼핑을 보면서 그가 하는 말을 들어보라. 그가 사고 싶다고 말하는 것이 있으면 메모해 두라.

"당신이 받고 싶은 선물들이 뭐가 있는지 좀 적어 줄래요?"라며 터놓고 부탁할 수도 있다. 상대방이 원하지 않는 선물로 놀래 주기보다는 그가 필요한 선물을 주는 것이 더 낫다. 선물이 꼭 비싸야 하는 것은 아니다. 장미 한 송이, 막대사탕, 엽서, 한 권의 책 등으로도 사랑을 깊이 있게 전할 수 있다.

4. 함께하는 시간

이는 상대방에게 관심을 집중하는 시간을 가리킨다. TV를 보며 같은 방에 앉아 있기만 하는 것을 말하는 게 아니다. TV를 끄고, 탁자에 놓인 잡지도 치우고, 서로를 바라보며 대화하는 것이다. 운동을 위해서가 아니라 함께하는 시간을 갖기 위해 산책할 수도 있다. 같이 식당에 가서 아무런 얘기도 나누지 않는 것은 함께하는 시간이 아니라, 단지 식욕을 채우고 있는 것뿐이다.

"내가 당신과 같이 있고 싶어서 이렇게 하는 거예요."라고 말하는 것이 함께하는 시간이다. 함께 정원을 가꾸든 캠핑 여행을 떠나든, 궁극적인 목적은 함께 시간을 보내는 것이다. 다른 어떤 것보다 함께하는 시간을 가질 때 사랑받는다고 느끼는 사람들이 있다.

5. 스킨십

스킨십의 정서적인 힘에 대해서는 대부분 잘 알고 있을 것이다. 연구에 의하면, 오랫동안 스킨십을 하지 않은 아기들보다 껴안거나 어루만지는 손길을 많이 받은 아기들이 정서적으로 더 양호하다.

이성 간 접촉의 허용 범위는 문화권에 따라 다르다. 적절한 것으로 받아들여지는 접촉은 사랑스럽지만, 부적절한 접촉은 혐오스럽다. 스킨십이 주된 사랑의 언어인 사람에게는 적절한 접촉이 가장 깊이 있는 사랑 표현 방법이다.

자신의 사랑의 언어를 발견하는 방법

자신의 주된 사랑의 언어를 발견하도록 도와주는 3가지 접근 방법이 있다.

1. 자신의 행동을 관찰하라

당신은 상대방에 대한 사랑과 감사를 주로 어떻게 표현하는가?

만일 당신이 자주 사람들의 등을 두드리거나 포옹한다면 당신의 주된 사랑의 언어는 '스킨십'일 수 있다.

사람들을 격려하는 말을 자주 한다면 '인정하는 말'이 사랑의 언어이기 쉽다.

만일 선물을 잘 준다면 당신이 바라는 것은 '선물'일 것이다.

친구와 함께 점심을 먹거나 산책하기를 즐긴다면 '함께하는 시간'이 사랑의 언어일 것이다.

늘 다른 사람을 도울 방법을 찾는다면 '봉사'가 주된 사랑의 언어일 수 있다.

당신이 사용하는 언어는 당신이 받기 원하는 언어일 가능성이 많다.

2. 자신이 불평하는 것이 무엇인지 살펴보라

인간관계에서 당신이 가장 자주 불평하는 것은 무엇인가?

만일 사람들이 도와주지 않는다는 불평을 자주 한다면 '봉사'가 당신의 언어일 것이다.

친구에게 "우리는 함께하는 시간을 별로 갖지 못했어."라고 자주 말한다면 당신은 '함께하는 시간'을 바라고 있다.

사업차 여행을 다니는 친구에게 "여행 가서 아무것도 안 사온 거야?"라고 말한다면 '선물' 받는 것이 주된 사랑의 언어일 것이다.

"내가 먼저 시도하지 않으면 당신은 아예 나랑 손도 잡을 생각을 하지 않네요."라고 말한다면 '스킨십'이 당신의 주된 사랑의 언어일 수 있다.

"난 제대로 하는 게 하나도 없어."라는 당신의 불평은 '인정하는 말'을 꼭 듣고 싶은 마음을 나타낸다.

불평은 다른 사람에게서 가장 받고 싶어하는 것을 드러낸다.

3. 자신이 무엇을 가장 자주 부탁하는지 살펴보라

여행을 떠나는 친구에게 "깜짝 선물 잊지 마."라고 말한다면 이는 당신에게는 '선물'이 중요함을 뜻한다.

"오늘 저녁에 같이 산책할까?"라는 말은 '함께하는 시간'을 갖고 싶다는 뜻이다.

등을 긁어 달라고 부탁하는 것은 '스킨십'을 원하고 있는 것이다.

만일 사람들에게 도와달라는 부탁을 자주 한다면 당신의 사랑의 언어는 '봉사'일 가능성이 많은 것이다.

"나 잘했어요?"라고 묻는 것은 '인정하는 말'을 듣고 싶다는 뜻이다.

당신이 다른 사람들에 대한 사랑과 감사를 어떻게 표현하는지 살펴보라. 그리고 자신의 불평과 부탁 사례들을 열거해 보라. 그러면 당신의 주된 사랑의 언어를 찾을 수 있을 것이다.

　자신에게 해당하지 않는 사랑의 언어로 말하는 것을 배우려면 노력이 필요하다. 인정하는 말을 듣지 못하고 자란 사람은 그 말을 하기 어려워한다. 스킨십에 인색한 가정에서 자란 사람은 신체적인 접촉이라는 언어를 사용하는 법을 배워야 한다. 다행스럽게도 이 모든 언어들은 습득될 수 있다. 이들을 더 많이 사용할수록 더 쉬워진다.
　내 아내의 사랑의 언어는 '봉사'이다. 내가 진공청소기를 돌리고, 설거지를 하고, 쓰레기를 내다 버리는 것도 바로 그 때문이다. 사랑을 유지하기 위한 대가치고는 사소한 것이다.
　나의 사랑의 언어는 '인정하는 말'이다. 아내의 긍정적인 말을 듣기 전에는 내가 집을 나서지 않는 것도 바로 그 때문이다. 지금 우리 부부의 사랑은 콩깍지가 씌어 지내던 초기 시절보다 훨씬 더 깊다. 결혼생활에서 콩깍지 사랑을 잘 유지하려면 1단계로부터 2단계로의 성공적인 전환이 필요하다. 데이트 시기에 서로의 주된 사랑의 언어를 배워 두면 그 전환이 훨씬 더 쉬워질 것이다.

THINGS I WISH I'D KNOWN BEFORE WE GOT MARRIED

 나눔으로 하나되기 2

1. 내가 말한 '5가지 사랑의 언어' 중에서 당신의 주된 사랑의 언어는 무엇인가? 그 이유는 무엇인가?

2. 현재 당신이 진지하게 만나고 있는 사람이 있다면 상대방의 주된 사랑의 언어는 무엇이라고 생각하는가?

3. 『5가지 사랑의 언어』를 아직 읽어 보지 않았다면 그 책을 읽고 함께 나누는 시간을 갖기 바란다.

03. 부전자전, 모전여전이란 말을 허투루 들어서는 안 된다

'부전자전', '모전여전' 이 말은 아내가 장모와 똑같다거나 남편이 시아버지와 똑같음을 의미하는 것이 아니다. 다만 자녀가 부모의 영향을 많이 받기 마련이라는 뜻이다. 만일 남편의 아버지가 통제적이고, 막말을 퍼붓는 사나운 사람이라면 10년 내에 남편도 비슷한 특성을 보일 가능성이 많다. 어느 정도까지는 우리는 환경의 산물이다. 연구에 의하면, 학대를 일삼는 사람은 대부분 어릴 때 학대를 받은 경험이 있었다.[2] "하지만 잘못된 사례를 통해 배워서 자신의 행동

---

[2] James Garbarino, "Lost Boys: Why Our Sons Turn Violent and How We Can Save Them" (New York, Free Press, 1999), p. 50.

을 바꿀 수 있지 않을까?"라고 반문하는 사람이 있을지도 모르겠다. 물론 그렇다. 중요한 것은 '배워서'라는 말이다. 학대자의 아들이 학대 행위를 반복하지 않으려면 그것을 파악하기 위해 특별한 노력을 기울여야 한다. 그의 아버지가 왜 학대하는 사람이 되었는지, 그리고 그 습관을 끊으려면 어떻게 해야 하는지를 배워야 한다.

통계에 의하면, 알코올 중독자 여성의 딸은 알코올 중독자가 되기 쉬운 것으로 밝혀졌다.[3] 하지만 그녀가 반드시 알코올 중독에 빠져야 하는 운명인 것은 아니다. 알코올 중독을 이해하려고 노력하고, 스트레스와 실망에 보다 건설적으로 대처하는 방법을 배운다면 그녀는 알코올 중독의 사슬을 끊을 수 있다. 따라서 만일 자신이나 데이트 상대자의 부모가 파괴적인 생활 습관을 지녔다면, 이 문제를 다루는 강좌에 등록하고, 관련 서적을 읽고, 상담자와 대화하며, 배운 내용에 대해 함께 토론하는 것이 책임 있는 행동이다. 이런 문제를 감추려고 하지 말라.

당신과 동성인 부모의 외모를 살펴보라. 그것은 20년 후 당신의 모습일 가능성이 많다. 아버지가 대머리이면 아들도 20년 후에는 그렇게 될

---

3) Theodore Jacob, Sheri Johnson, "Parenting Influence on the Development of Alcohol Abuse and Dependence. *Alcohol Health and Research World*, Vol. 21, No. 3:204-209, 1997. 더 많은 정보가 필요하다면 the National Association for Children of Alcoholics의 웹사이트인 www.nacoa.net/impfacts.htm을 보라.

확률이 많고, 어머니가 활동적이면 딸도 그렇게 될 가능성이 많다.

최근에 아내와 나는 우리 딸 셸리와 사위 존, 그리고 두 손자녀와 함께 해변에서 한 주간을 보냈다. 첫날 아침식사 후에 우리는 파라솔을 들고 해변으로 갔다. 파라솔을 땅에 고정시키려고 사위가 긴 송곳으로 땅에 구멍을 파내고 있었다. 그때 딸이 장난기 어린 미소를 머금고 물양동이에 손을 넣더니 자기 남편의 등에다 찬물을 확 뿌렸다. 그 모습을 본 내가 말했다.

"그 엄마에 그 딸이구먼. 네 엄마도 꼭 그런 식으로 장난치곤 했지."

나중에 존이 먹거리를 사러 가게로 나설 때 셸리가 존의 귀에 들릴 정도로 큰소리로 우리에게 말했다.

"저 사람은 정말 멋진 남편이에요!"

그것도 셸리의 엄마가 내게 여러 번 했던 말이다. 그 말의 진실성에 대해서는 잘 모르지만, 솔직히 그 말을 들으면 기분이 좋았다. 존도 같은 기분이었을 것이다.

대부분의 사람들은 긍정적으로든 부정적으로든 자신의 생각보다 훨씬 더 많이 부모의 성격을 닮아 있다. 언젠가 한 젊은 남편이 다음과 같이 말했다. "전 장모님이 화장을 하지 않는다는 걸 알고 있었어요. 장모님은 히피 세대였죠. 하지만 전 아내가 화장을 안 하기로 결심하리라고는 꿈도 꾸지 못했어요. 제가 보아 온 그녀는 언제나 화장을 하고 있었죠. 데이트 시절에 우리는 화장에 대해서 토론한 적이 없었어요. 그것이 문제가 되리라고는 생각하지 않았기 때문이죠. 하지만 지금 우리는 화장을 해야 하는지에 대해 몇 날 며칠 동안 토론하고 있답니다. 제 의견이 받아들여질 것 같지는 않아요."

의사소통 방식에서도 우리는 부모를 닮는 경향이 있다. 예를 들어, 자주 아버지의 말을 자르고 잘못된 부분을 지적하는 어머니를 보면서 자란 딸은 자신도 그렇게 할 가능성이 많다. 어쩌면 당신이 파트너와의 대화 중에 이런 모습을 이미 보았을지도 모른다. 그 점이 마음에 걸리면 곧바로 대화하라. 이 방식이 결혼 전에 고쳐지지 않으면 결혼 후에 저절로 고쳐질 리가 없다.

어느 청년이 이렇게 말했다. "저는 애니의 부모와 함께 있는 게 너무 두렵습니다. 그녀의 어머니는 거의 숨도 쉬지 않고 얘기하죠. 무슨 이야기든 너무 상세하게 설명해서 함께 있으면 숨이 막히는 것 같아요. 그 집에서는 물 한 잔 마시며 피할 공간조차 없어요. 그런데 애니에게서도 그런 모습이 약간 보여요. 애니가 어머니를 닮아 갈까 봐 무척 두렵습니다. 그렇게 되면 전 감당할 수 없을 것 같아요."

데이트 중인데도 그가 그런 우려를 표했다는 것이 대견스러웠다. 나는 애니가 어머니의 대화 방식에 대해 잘 모를 것이라고 그에게 알려주었다. 다음에 애니의 어머니와 함께 있을 때 30분 동안 대화를 녹음해 둘 것을 내가 제의했다. 후에 녹음된 내용을 들었을 때 애니는 자신의 어머니가 질문을 거의 하지 않으며, 간혹 질문할 경우에도 상대방에게 잠깐 대답할 시간을 주고는 곧장 자신의 얘기로 되돌아간다는 사실을 알게 되었다. 이제 그녀는 이런 표현 방식이 불쾌감을 줄 뿐만 아니라, 참된 대화를 가로막는다는 것을 안다.

우리는 부모 곁에서 자라기 때문에 그들의 의사소통 방식이 건강하지 않아도 잘 인식하지 못한다. 그것은 늘 그랬던 방식일 뿐이다. 그 방식이 바뀌어야 함을 이해하도록 도와줄 제3자가 필요하다. 우리는 부모의 영향을 받기 때문에 부모의 방식을 우리 자신의 것으로 받아들이기 쉽다. 다행히도 이 의사소통 방식은 바뀔 수 있다. 그 변화의 적기가 바로 데이트를 하는 기간이다.

데이트 상대자의 어머니와 아버지가 말다툼을 할 때 아버지가 결국 어머니의 마지막 말에 대꾸하지 않고 방을 나가 버린다면, 당신의 데이트 상대자 역시 결혼 후에 그런 반응을 보일 가능성이 많다. 물론 이 책을 읽고 보다 건강한 갈등 해결 방법을 찾아낸다면 그렇게 되지 않을 것이다.

또한 어머니와 아버지가 평소에 서로를 얼마나 정중하게 대하는지를 살펴보라. 그녀의 아버지가 아내를 위해 차 문을 열어 주는가? 만일 그렇다면 그녀도 당신에게 그러한 친절을 기대할 것이다. 그의 아버지가 집에 들어갈 때 모자를 벗는가? 그렇다면 그 역시 그렇게 할 것이다. 그녀의 어머니가 남편의 말이 끝나기도 전에 성급하게 대답하는가? 그렇다면 그녀도 그럴 가능성이 많다. 그의 아버지가 자신에게 얘기하는 아내를 바라보는가? 아니면 아무런 반응도 보이지 않고 TV만 보는가? 아들은 아버지가 하는 대로 따라할 가능성이 많다. 그녀의 어머니가 남편에게 늘 잔소리를 하는가? 그렇다면 그녀도 그렇게 하기 쉽다. 그의 아버지가 조용하고 내성적인가? 아니면 요란하고 외향적인가? 그녀의 어머니는 독립적이며 남편과 거의 상의하지 않고 스스로 결정하는 편인가? 그녀의 어머니는 음식을 잘 만드는가? 그의 아버지는 세차를 잘 하는가? 그녀의 어머니는 전업주부인가, 아니면 직업을 갖고 있는가? 그의 아버지는 사업을 하고 있는가, 아니면 회사에 다니고 있는가? 그녀의 어머니는 사진을 스크랩한 앨범을 보관하는가? 그녀의 어머니는 교회 활동에 적극적인 편인가? 그의 아버지는 어떠한가?

이 질문들에 대한 대답 내용이 현재 데이트 중인 상대의 결혼 후 모습일 가능성이 많다. 대답 내용이 염려된다면 솔직하게 상대방과 의논하라. 해결책은 그런 특성들을 받아들이든지 아니면 변화를 모색하든지 둘 중 하나이다.

빠르게 움직이는 오늘날의 문화에서는 데이트하는 커플이 상대방의 부모와 함께하는 시간을 갖기가 쉽지 않다. 그래서 상대방 부모의 본보기를 제대로 파악하지 못한 채로 결혼하게 된다. 상대방 부모와 함께 시간을 보낼 때에도 그 부모의 행동과 의사소통 방식을 자세히 관찰하지 않는다. 그들은 상대방 부모의 말이나 행동에서 긍정적인 면을 부각시키고 부정적인 면을 무시하기 쉽다. 왜냐하면 자신의 데이트 상대가 그런 부정적인 행동을 답습하리라고는 생각하지 않기 때문이다. 하지만 자라면서 보아 왔던 방식에 빠지지 않도록 의식적이며 적극적인 노력을 하지 않는다면, 부모의 부정적인 모습을 답습할 가능성이 많다.

서로 상대방의 부모와 함께하는 시간을 충분히 갖도록 내가 권하는 것도 바로 이 때문이다. 그 시간을 통해 상대방 부모의 성격, 의사소통 방식, 가치관, 특히 서로에 대한 배려 정도를 파악할 수 있다. 부모의 본보기는 당신의 데이트 상대에게 큰 영향을 미친다. 만일 우려되는 점이 발견되면 상대방과 함께 철저히 의논할 필요가 있다. 그것이 심각한 문제라면 "그 부모에 그 자녀."라는 옛말이 당신에게 현실로 다가오지 않도록 적절한 대책을 세워야 할 것이다.

THINGS I WISH I'D KNOWN BEFORE WE GOT MARRIED

 나눔으로 하나되기 3

1. 동성 부모의 모습 중에서 부정적인 특성을 적어 보라. 만일 당신의 데이트 상대가 제법 긴 시간을 당신의 부모와 함께 보냈다면 부모에 대해 관찰한 내용을 적어 달라고 상대방에게 부탁하라.

2. 위에서 적은 것을 기초로 삼아 부모의 부정적인 면을 닮지 않는 방법을 논의하라.

3. 이 변화를 시작하기 위해 구체적으로 어떤 단계를 밟을 것인가?

04.
갈등을 피할 수는 없지만
대비할 수는 있다

     데이트 시절에 나와 캐롤린은 의견 충돌이 심각하게 일어날 것이라고 생각해 본 적이 없었다. 우리는 서로 짝짜꿍이 잘 맞는다고 자부했다. 나는 그녀가 바라는 것이면 무엇이든 기꺼이 하려 했고, 그녀도 내가 제안하는 것을 기꺼이 따르려 했다. 그녀에게 끌린 이유 중의 하나도 바로 그 점 때문이었다. 그러기에 우리가 서로 말다툼할 것이라는 생각은 전혀 들지 않았다. 그러나 신혼여행에서부터 시작해서 결혼생활 초기 몇 년 동안 우리는 자주 다퉜다. 나는 그녀가 너무 불합리하다고 느꼈고, 그녀는 내가 너무 엄하고 까다롭다고 생각했다. 내가 엄격하고 싶었던 것은 아니다. 다만 내 생각이 최고인 줄로 알았다. 물론 그녀도 자신의 생각을 최고로 여겼다. 갈등이 모든 결혼생활의 정상적인 부분임을 우리에게 알려 준 사람이 아무도 없었다.

갈등에 부딪히지 않는 부부는 없다. 우리가 개개인이라고 하는 단 한 가지 이유 때문에 그렇다. 개개인으로서 우리는 다른 욕구와 다른 취향을 지니고 있다. 예를 들어, 캐롤린은 TV 보는 것을 좋아하는 반면에 나는 TV 시청을 시간 낭비로 여긴다. "책을 읽고 무엇인가를 배우는 것이 낫지 않나? TV에서 과연 무엇을 배우겠어." 이것이 내 견해이다. 아내는 TV를 보면서 편히 쉬고 배울 것도 많다며 반박했다.

이 견해 차이는 우리 둘 관계의 '아픈 곳'이 되었다. 종종 이것 때문에 심한 말다툼이 발생하곤 했다. 세월이 지나면서 우리는 '아픈 곳'을 더 많이 발견하게 되었고, 우리의 결혼생활은 끊임없는 말다툼으로 이어졌다. 그 무렵에 나는 '아무래도 결혼을 엉뚱한 사람과 한 것 같아. 진짜 내 짝을 만났다면 이렇지는 않았을 텐데.'라고 생각했다. 분명 캐롤린도 같은 생각을 했을 것이다.

후에 다른 부부들과 대화하면서 모든 결혼생활에 갈등이 일어남을 알게 되었다. 어떤 부부는 부드럽게 갈등을 해결하는 법을 배우는 반면에 더 심한 말다툼으로 치닫는 부부도 있다. 우리는 후자에 속했다.

지난 30여 년 동안 심한 말다툼 문제로 나의 상담실을 찾아오는 부부들이 몇몇 있었다. 캐롤린과 내가 겪었던 갈등과 비슷했다. 다행히도 나는 더 좋은 해결책을 찾도록 그들을 도와줄 수 있었다. 본장에서는 내가 그들에게 알려 준 방법의 일부를 소개할 것이다.

먼저 우리는 갈등에 부딪히기 마련이라는 사실을 받아들여야 한다. 갈등은 결혼을 잘못했음을 나타내는 표시가 아니라, 단지 인간임을 확인시켜 주는 것일 뿐이다.

우리는 자신의 생각을 최선으로 여기는 경향이 있다. 우리가 인식하지 못하는 것은 우리의 배우자도 같은 생각을 하고 있다는 사실이다. 부부라고 해서 논리적으로나 정서적으로 일치하는 것은 아니다. 우리의 생각이나 삶에 대한 인식은 자신의 이력과 가치관과 성격의 영향을 받고, 이 요인들은 사람마다 각기 다르다.

갈등에는 심각한 것도 있고 사소한 것도 있다. 식기세척기 사용법에 대한 갈등은 사소하고, 아기를 가질 것인지의 여부에 대한 갈등은 심각한 것일 수 있다. 크든 작든 모든 갈등은 하루, 한 주, 한 달, 또는 평생을 망칠 수도 있다. 반면에 갈등을 통해 서로 사랑하고 격려하는 법을 배울 수도 있다. 중요한 것은 갈등에 어떻게 대처하느냐이다.

일단 갈등의 현실을 받아들였다면 그 갈등을 해결할 건전한 계획을 찾을 필요가 있다. 그런 계획은 '경청'의 필요성을 인식하는 데서 시작된다. 갈등에 부딪힐 때 말을 해야겠다고 느낄 수 있지만, 듣지 않고 말하기만 하면 말다툼이 일어날 수밖에 없다. 정말 필요한 것은 경청하는 자세이다.

한 아내가 나에게 이렇게 말했다.

"선생님의 상담 수업을 처음 들었을 때 가장 도움이 되었던 것은 '경청의 시간을 부탁하라'는 권면이었어요. 그 전에는 항상 '우리 얘기 좀 해요.'라고 남편에게 말하곤 했죠. 남편은 이 말을 듣기 싫어했어요. 이제 전 '괜찮다면 당신의 생각을 좀 들어보고 싶어요.'라고 말합니다. 그러면 남편은 '정말 내 생각을 듣고 싶단 말이오?'라고 말합니다. 내가 그렇다고 대답하면 저희는 경청의 시간을 정해요. 경청의 시간을 부탁하면 분위기가 사뭇 달라집니다."

"경청의 시간을 어떻게 시작합니까?"라는 나의 질문에 그녀는 이렇게 대답했다.

"남편은 보통 '내 생각을 듣고 싶다고요? 어떤 내용에 대해서요?' 하고 물어요. 그러면 저는 '크리스마스 연휴를 어떻게 보낼 건지에 대해서요.'라고 말하거나, 제 마음속에 생긴 갈등을 주제로 얘기해요. 저희는 한 번에 한 가지 주제만 의논하기로 했어요. 남편은 휴가 동안 하고 싶은 것을 얘기해요. 전 남편의 제안에 대해서는 물론이고 그것을 왜 제안하는지, 그리고 그것이 그에게 얼마나 중요한지도 이해하려고 노력하죠. 종종 남편의 말뜻을 분명히 하기 위해 질문도 해요. 예를 들던, '아버님이 암으로 투병 중이셔서 내년 크리스마스에는 못 볼 수도 있으니 이번 크리스마스를 아버님 어머님과 함께 보내고 싶단 말이죠?' 라고 묻는 거죠. 그러고 나서 전 '그렇군요. 들어보니 당신 말이 이해가 되네요.' 라고 대답합니다. 그러면 남편은 '이제 당신의 의견을 듣고 싶어요.' 라고 말해요. 그가 귀 기울이며 이해하려고 노력하는 동안 전 제 의견을 말합니다. 남편 역시 제 말뜻을 분명히 하기 위한 질문을 던져요. 예를 들면, '5년에 한 번씩 친정에 오는 언니를 꼭 만나 보고 싶어서 이번 크리스마스를 친정에서 보내고 싶다는 얘기죠?' 라고 묻습니다. 제 얘기를 다 듣고 난 후에 그는 '이해해요. 당신 말이 맞아요.' 라고 말합니다. 아직 서로의 차이점을 해결하지 못했지만 서로를 이해하고 서로의 생각을 인정해 줘요. 더 이상 적대적이지 않죠. 말다툼을 피했어요. 이제 우리는 갈등 해결 방법을 찾을 겁니다."

이 아내가 설명한 내용은 내가 몇 년 동안 상담실에서 많은 커플들에게 가르쳐 준 방법이었다. 그것은 개개인들을 진지하게 존중하며 그들의 생각과 의견을 자유롭게 표현하게 하는 방법이다. 그들의 생각이 타당함을 인정하고 이해하는 마음을 표현하는 것이다. 이 방법은 갈등 해결 시 적대적인 분위기를 없애고 우호적인 분위기를 조성하게 한다.

서로의 입장을 듣고 인정했다면 이제 갈등 해결책을 찾을 차례이다. 해결책을 찾기 위한 키워드는 '타협'이다. 종종 우리는 '타협'이라는 말을 부정적인 뜻으로 여긴다. 흔히 가치관이나 신념을 타협하는 것에 대해 경고하지만, 결혼생활에서는 타협이 긍정적일 뿐만 아니라 필수적이기도 하다. 타협은 만남의 장을 찾음을 뜻한다. 타협을 위해서는 각자가 무엇인가를 기꺼이 포기해야 한다. 반면에 둘 다 자신의 방식만 고집한다면 말다툼 상태로 되돌아가고 만다. 결혼생활에서 타협은 '나의 방식'을 고집하지 않고 '우리의 방식'을 찾는 것이다.

중간에서 만나기

위에서 소개된 부부는 크리스마스 연휴 동안 각자의 부모 집에서 각각 사흘씩을 보내기로 합의했다. 그러자면 승용차 대신에 비행기를 타야 해서 예산에 없던 비용이 들었다. 몇 가지 의견을 나눈 후 결국 그들은 카리브해 지역에서 보내기로 했던 여름휴가 계획을 바꾸기로 했다. 대신에 그들이 사는 주 안에서 휴가를 검소하게 보내기로 했다. 그들의 생각은 이랬다. '카리브해에는 나중에라도 갈 수 있어. 올해에는 우리

부부 둘 다 크리스마스를 가족과 함께 보내는 것이 더 중요해.'

그들은 크리스마스 휴가 계획을 조화롭게 조정하기 위해 자신의 계획을 기꺼이 포기했다. 모든 갈등에는 해결책이 있다. 서로의 입장을 존중한다면 해결책을 찾을 것이다.

갈등 해결책에는 전형적으로 3가지가 있다. 그중 하나에 대해서는 위에서 언급했다. 서로 약간씩 희생하고, 각자 상대방이 바라는 것을 해주기로 합의하는 것이다. 위에 소개된 부부는 휴일 전부를 어느 한 부모의 집에서만 보내려는 생각을 포기했다. 서로 하나씩 양보하여 양가 모두를 방문하기로 했다. 종종 갈등은 이런 식으로 해결된다. 이런 접근법을 가리켜 나는 '중간에서 만나기'라고 부른다. 이는 각자 원래 지녔던 생각의 중간 지점에서 만남의 장을 찾는 것이다.

상대편 쪽에서 만나기

갈등 해결을 위한 두 번째 방법은 '상대편 쪽에서 만나기'이다. 이는 서로의 생각과 감정을 들은 후에 둘 중 한 명이 상대편의 의견을 따르기로 결심하는 것이다. 자신의 원래 생각을 전적으로 포기하고 배우자가 바라는 대로 하는 것이다.

한 남편이 이렇게 말했다.

"저는 가임기가 끝나가는 시점이라는 아내의 설명을 듣고 아기를 갖기로 동의했습니다. 아기를 갖고 싶어하는 아내를 실망시키고 싶지 않았죠. 저희는 둘 다 아기를 갖고 싶어했어요. 단지 전 아직 적절한 때가 아니라고 생각했을 뿐입니다. 경제적으로 더 나아질 때까지 기다리려고 했죠. 하지만 아내의 말을 경청하면서 아이 갖는 일이 아내에게 얼마나 중요한지 알았을 때, 저는 몇 가지 우려되는 사항에도 불구하고 당장 아기를 갖기로 결심했어요. 그 결정에 대해 후회하지 않아요."

상대방의 생각을 따르려는 결심이 때로는 큰 희생을 수반하다. 그러나 사랑에는 언제나 희생이 따른다.

나중에 만나기

갈등 해결을 위한 세 번째 방법은 '나중에 만나기'이다. 이것은 이런 식의 접근법이다.

"타협점이 보이지 않으니 당분간 서로의 입장 차이를 인정하고 지내는 게 어때요? 한 주나 한 달 후에 다시 의논해서 해결책을 찾아봐요. 그동안에는 서로를 인정하고 돕도록 해요. 이것 때문에 결혼생활이 엉망이 되는 건 싫어요."

당장 해결책을 찾지 못할 때에는 이렇게 하는 것이 최선이다. 시간이 지나면 상황이 다르게 보이거나 새로운 해결 방법이 생각날 수 있다. 그러면 타협점을 찾을 수 있게 된다.

어떤 상황에서는 '나중에 만나기'가 평생 동안 지속되기도 한다. 의견 차이가 옳고 그름의 문제가 아닌 상황에서는 특히 그렇다. 예를 들어, 치약 짜는 방법이나 식기세척기 사용법, 여가를 보내는 개인적인 취향은 사람마다 다를 수 있다. 이런 경우에 우리는 서로의 입장 차이를 인정하고 실제적인 해결책을 선택해야 한다. 식기세척기 사용법이 서로 다르다면 각자의 방식을 인정하면 된다. 영화를 고를 때에도 각자의 취향에 맞는 것을 돌아가면서 고를 수 있다.

우리는 이들 3가지 방법 중 하나를 통해 갈등을 해결할 수 있다. 물론 상대방의 생각을 비난하는 대신에 서로의 관점을 인정하며 서로의 말을 경청함으로써 다정한 분위기를 조성하는 것이 핵심이다. 서로의 입장을 이해하고 해결책을 찾는 법을 배울 때, 우리는 결혼생활에서 당연히 일어나는 갈등을 처리하고 한 팀원으로서 협력할 수 있다. 내가 캐롤린과 결혼하기 전에 이 방법을 알았다면 소모적이고 무의미한 다툼들을 피할 수 있었을 것이다.

THINGS I WISH I'D KNOWN BEFORE WE GOT MARRIED

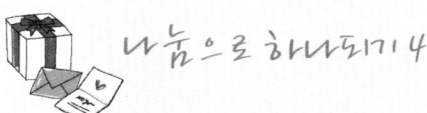 나눔으로 하나되기 4

1. 지난 몇 달 동안 서로 갈등이 일어난 적이 있는가? 그 갈등을 어떻게 해결했는가? 아직 해결되지 않은 갈등은 없는가?

2. 갈등을 겪을 때 다음의 질문을 활용하라. "둘 다 사랑과 인정을 받는다고 느끼면서 이 갈등을 해결할 수 있는 방법은 무엇일까?"

3. 본장에서 우리는 3가지 긍정적인 갈등 해결책을 논의했다. 최근에 갈등을 해결하기 위해 이 방법들을 사용한 적이 있는가? 갈등을 해결할 때 둘 다 사랑과 인정을 받는다고 느꼈는가?

4. 당신이 겪고 있는 갈등 중에 '나중에 만나기', 즉 '서로의 입장 차이를 인정하기'를 해결책으로 삼아야 할 것이 있는가?

5. 의견 대립이 있을 때 서로에게 유리한 해결책을 사용하고 있는가? 당신이 바꿔야 하거나 개선해야 할 점은 무엇인가?

05.
사과하는 방법도
가지가지이다

아버지는 존 웨인이라는 배우의 팬이었다. 웨인의 마지막 영화 중 하나인 '진정한 용기' True Grit 도 보셨다. 이 영화에서 웨인은 "진정한 남자는 사과하지 않는다."라고 말했다. 아버지는 웨인의 본을 따랐다. 아버지는 욕을 하거나 화를 잘 내지 않았고, 좋은 분이었다. 그러나 가끔 울화통이 터지면 어머니에게 거친 말을 내뱉었다. 가끔씩은 나와 누이에게도 그렇게 했다. 나는 아버지에게서 사과하는 말을 들어본 기억이 없다. 그래서 자연히 나도 아버지의 본을 따랐다. 존 웨인 신봉자가 하나 더 늘어난 셈이다.

내가 결코 사과하지 않겠다며 의식적으로 결심한 것은 아니다. 사실은 사과하려는 생각이 전혀 떠오르지 않았다. 결혼 전에 나는 앞으로 아내에게 사과할 일이 있을 것이라고는 상상도 못했다. 나는 아내를 사랑했고, 어떻게든 아내를 행복하게 해주고 싶었다. 아내도 같은 마음이었을 것이다. 그러나 결혼 후에는 아내의 부정적인 모습이 보이기 시작했다. "캐롤린, 생각해 봐요. 이건 멍청한 짓이에요!"라고 고함치기도 했다.

그런 일이 있고 나면 우리 둘은 몇 시간이 지나도, 혹은 며칠이 지나도 서로 말을 하지 않았다. 한참 시간이 지난 후에야 내가 침묵을 깨고서 마치 아무 일도 없었던 것처럼 아내에게 말을 걸곤 했다. 그러고 나서 며칠이나 몇 달 동안 서로 거친 말을 하지 않았다.

그 당시에는 몰랐지만 지금은 분명히 알고 있다. 내가 아버지의 행동을 그대로 따라하고 있었던 것을 말이다. 나는 절대로 먼저 사과하지 않았다. 우리의 말다툼에 대한 책임이 아내에게 있다고 생각했기 때문이다. 이러한 태도 때문에 결혼생활 초기는 당연히 엉망진창일 수밖에 없었다.

결혼 직후에 나는 신학교에 등록하여 신학 공부를 시작했다. 그 무렵에 나는 죄의 고백과 회개를 언급하는 성경 구절들이 많음을 알게 되었다. 죄의 고백은 자신이 행한 일이 또는 어떤 일을 하지 못한 것이 잘못임을 인정함을 뜻한다. 회개는 그 잘못으로부터 의식적으로 돌이켜 올바른 일을 모색함을 뜻한다.

사도 요한의 담대한 언급이 내 마음을 끌었다.

"만일 우리가 죄가 없다고 말하면 스스로 속이고 또 진리가 우리 속에 있지 아니할 것이요 만일 우리가 우리 죄를 자백하면 그는 미쁘시고 의로우사 우리 죄를 사하시며 모든 불의에서 깨끗하게 하실 것이요"요일 1:8-9.

나는 자신을 속이고 있었음을 깨달았다. 내가 분통을 터뜨리면서 그 책임을 캐롤린에게 돌린 것이 바로 기만의 증거였다. 하나님께 죄를 고백하면서 큰 위안을 얻었다. 솔직히 말해서, 내 잘못을 캐롤린에게 고백하는 것이 훨씬 더 힘들었다.

하지만 그 다음 몇 달에 걸쳐 나는 사과하는 법을 배웠다. 캐롤린도 기꺼이 용서하려 했다. 나중에는 그녀도 사과하는 법을 배웠다. 다른 커플들을 상담해 오면서 나는 사과와 용서 없이는 건전한 결혼생활도 없음을 확신하게 되었다.

우리 모두는 인간이며, 인간은 다른 사람들에게 모욕적인 말이나 행동을 할 때가 있다. 이 무례한 언행은 감정적인 장벽을 조성한다. 이런 장벽은 시간이 지난다고 해서 저절로 무너지는 것이 아니다. 이것이 무너지려면 반드시 사과와 용서가 있어야 한다.

몇 년 전에 나는 제니퍼 토머스라는 다른 상담자와 함께 사과의 기술에 대해 연구했다. 우리는 수백 명에게 두 가지 질문을 던졌다.

첫째, "사과할 때 주로 어떤 말을 하며 어떤 행동을 취하는가?"

둘째, "어떤 사람으로부터 사과를 받을 때 당신이 기대하는 말이나 행동은 어떤 것인가?"

그들의 대답은 5가지로 분류되었다. 우리는 그것을 '5가지 사과의 언어'라 지칭한다.

분명히 밝혀진 사실은, 한 사람이 사과로 여기는 것을 다른 사람은 사과로 여기지 않을 수 있다는 것이다. 따라서 종종 부부들이 사과하려고 노력하는데도 상대방은 서운해한다. 남편이 "미안해요."라고 말한다. 그러면 아내는 '미안하겠지. 그런데 그 말 외에는 할 말이 없는 건가?'라고 생각한다. 그녀는 여전히 사과를 기다리고 있고, 남편은 이미 사과했다고 생각한다.

보통 우리는 사과의 언어를 부모에게서 배운다.

어린 코올이 여동생 줄리아를 계단 아래로 떠밀었다. "코올, 동생을 밀지마. 가서 잘못했다고 말해."라고 어머니가 다그쳤다. 그래서 코올이 줄리아에게 "미안해." 하고 사과했다. 현재 30세인 코올이 아내의 기분을 상하게 할 때에도 "미안해." 하고 말한다. 어머니에게서 배운 대로 하는 것이다. 왜 아내가 자신의 사과를 받아들이지 않는지 그는 이해할 수 없다. 그러나 그의 아내는 다르게 배웠다. 그녀의 어머니는 "내가 잘못했어. 나를 용서해 주겠니?"라고 말하도록 가르쳤다. 그녀는 코울에게서 이 말을 기다리고 있다. 그녀의 생각에 "미안해."는 적절한 사과의 언어가 아닌 것이다.

5가지 사과의 언어

내가 사과의 언어를 연구하여 낸 책 『5가지 사과의 언어』를 여기서 간략히 소개하려 한다.

1. 유감 표명

첫 번째 사과의 언어는 "미안해요."라는 말이다. 그러나 무엇에 대해 미안한지를 말할 필요가 있다. 미안하다고만 말하는 것은 너무 막연하기 때문이다. 예를 들어 이렇게 말할 수 있다.

"여보, 한 시간이나 집에 늦게 와서 미안해요. 함께 영화 보러 가려고 당신이 기다리고 있었다는 걸 알아요. 지금 출발하면 영화의 앞 부분을 보지 못하니 당신은 가고 싶지 않겠지요. 시간을 지키려고 좀 더 노력했어야 하는데 영 면목이 없네요. 오늘따라 일이 얼마나 바쁘던지……. 모든 게 내 탓이에요. 내가 당신의 마음을 몹시 상하게 한 것 같아 미안하군요."

만일 당신이 분노하며 험한 말을 했다면 이렇게 말할 수 있다.

"여보, 당신에게 화를 내고 소리를 질러서 미안해요. 당신의 마음을 아프게 한 것도 정말 미안하고요. 그런 식으로 말해서는 안 되는 건데……. 당신이 모욕감을 느꼈을 것 같아요. 만일 내가 당신에게서 그런 말을 들었다면 상처를 크게 받았을 거예요. 당신에게 상처를 줘서 정말 미안해요."

이 사과의 언어는 정서적인 언어이다. 상대방에게 깊은 상처를 준 말이나 행동 때문에 느끼는 마음의 고통을 표현하는 것이다. 이것이 상대방의 사과의 언어라면, 그는 당신의 행동 때문에 얼마나 깊은 상처를 받았는지 당신이 이해하기를 원한다.

2. 책임 인정

두 번째 사과의 언어는 "내가 잘못했어요."라는 말이다. 그리고 나서 무엇을 잘못했는지에 대해 설명한다.

예를 들어보겠다.

"내가 잘못했어요. 오후 시간을 잘 조절하지 못해서 집에 늦게 들어와 버렸네요. 오늘밤에 함께 외출한다는 걸 알면서도 집에 도착하는 시간을 제대로 맞추지 못한 거 다 내 잘못이오."

험한 말을 내뱉은 사람은 이렇게 사과할 수 있다.

"내가 말하는 방식이 잘못이었어요. 화를 내지 말았어야 했는데. 당신 탓이 아니라 모든 게 내 탓이오."

'책임 인정'을 사과의 언어로 여기는 사람은 당신의 행동이 잘못임을 인정하는 말을 듣기를 원한다. 그에게는 "미안해요."라는 말이 사과로 들리지 않는다. 그는 당신이 자신의 행동이나 말에 대한 책임을 인정하고 그 잘못을 시인하기를 원한다.

3. 보상

세 번째 사과의 언어는 "어떻게 해드리면 좋을까요?"이다. 이 사과의 언어는 잘못을 바로잡으려고 노력한다.

결혼기념일을 챙기지 못했던 한 남편이 이렇게 말했다.

"내가 깜박했어요. 어떻게 결혼기념일을 잊어버릴 수가 있는지……. 무슨 이런 남편이 다 있는지 원. 이미 엎질러진 물이지만 그걸 보상할 기회를 줘요. 내가 어떻게 하면 좋겠는지 좀 말해 줄래요? 어디를 가든 뭘 하든 괜찮아요. 당신이 원하는 대로 하겠소."

만일 보상이 그 아내의 주된 사과와 언어라면, 그녀는 남편이 바로잡기 위해 무엇을 해야 하는지를 알고 있을 것이다.

'보상'을 주된 사랑의 언어로 여기는 사람은 상대방이 여전히 자신을 사랑하는지 알고 싶어한다. 그가 원하는 보상은 그의 주된 사랑의 언어와 직결되기 마련이다. 그의 주된 사랑의 언어가 '스킨십'이라면 그는 "나를 안아 줄래요?"라고 말할 수 있다.

반면에 '선물'이 주된 사랑의 언어라면 그는 선물을 요구할 것이다. 선물을 받을 때 진정한 사랑을 느끼기 때문이다.

'봉사'가 주된 사랑의 언어라면 그는 "나에게 보상하고 싶다면 차고를 청소해 줘요."라고 말할 수 있다.

만일 '함께하는 시간'이 사랑의 언어라면 한 주간을 함께 보낼 것을 요구할 수도 있다.

'인정하는 말'을 사랑의 언어로 여기는 사람은 사랑을 확인해 주는 말을 요구할 것이다. "내게 사랑의 편지를 써서 왜 나를 사랑하는지 그리고 얼마나 사랑하는지를 보여 줘요."라고 말할 수 있다. 그에게는 행동보다는 말이 더 중요하다.

4. 진실한 뉘우침

네 번째 사과의 언어는 "다시는 그러지 않을게요."이다. 이 사과는 그릇된 행동이 재발하지 않도록 구체적인 계획을 얘기하는 것이다.

화를 낸 사람은 이렇게 말할 수 있다.

"내가 화를 낸 건 나쁜 행동이었어요. 지난 주에도 그랬는데 또 그러다니……. 이제 이러면 안 될 텐데……. 이런 일이 다시는 일어나지 않게 할 방법을 좀 알려 줘요."

이처럼 변화하려는 모습은 진지하게 사과하는 마음을 전해 준다. 이 부부의 경우 남편이 화가 치미는 것을 느낄 때 그 해결책으로 다음과 같이 말하기로 했다.

"여보, 산책을 좀 해야겠소. 곧 돌아올게요."

산책하면서 마음을 가라앉히기 위해서였다. 30분 안에 산책을 마치고 돌아올 때 그는 이렇게 말했다.

"난 당신을 사랑해요. 당신에게 다시는 화를 내고 싶지 않아요. 화내는 성격을 극복하도록 도와줘서 고마워요."

행동을 바꾸려는 노력이 보이지 않으면 참된 사과가 아니라고 여기는 사람들이 있다. 다른 어떤 말을 해도 그들은 진지하게 받아들이지 않는다. 진정한 사과는 행동 변화를 수반한다는 것이 그들의 입장이다.

5. 용서 요청

마지막 다섯 번째 사과의 언어는 '용서 요청'이다. 이것이 주된 사과의 언어인 사람에게는 "나를 용서해 주시겠어요?"라는 말은 음악처럼 들린다. 진지하게 사과하려면 용서를 구해야 한다는 것이 그의 생각이다. 그는 자신에게 상처를 입힌 사람이 용서받기를 원하는지, 그리고 그 사람의 행동으로 인해 생긴 장벽을 무너뜨리기 원하는지 알고 싶어 한다.

토머스 박사와 나의 조사 결과에 의하면, 부부가 상대방에게 흡족한 방법으로 사과하면 용서가 훨씬 더 쉬워진다. 당신이 사과하려 할 때 대부분의 사람들은 과연 진심인지를 알고 싶어한다. 그들은 자신에게 진정으로 와닿는 사과만을 진심으로 여긴다. 이는 당신이 그들의 주된 사과의 언어를 알아야 함을 뜻한다.

"미안해요."를 배우는 칼

효과적으로 사과하는 법을 배우는 것은 쉽지 않을 수 있다. 다음 이야기는 『5가지 사과의 언어』에 수록된 내용이다. 여기서 자신의 모습을 보는 이들도 있을 것이다.

결혼을 앞둔 칼이 멜린다라는 여자 친구와 함께 우리 세미나에 참석했다. 설문지를 완성한 후에 멜린다는 가장 듣고 싶은 사과의 말이 "미안해요."라고 칼에게 말했다.

세미나 중에 칼이 내게로 왔다.

"솔직히 말해서 저는 그런 말을 해본 적이 없어요. 그건 너무 여성스럽게 들려요. 진정한 남자란 사과하지 않는다고 배웠는데, 그런 말을 할 수 없을 것 같아요. 그런데 멜린다는 그 말에만 관심이 있는 것 같고요. 이 설문지를 작성하지 말았어야 했나 봐요!" 하고 그가 농담조로 말했다.

"하지만 당신이 그 설문지를 작성하길 정말 잘했을 수도 있어요." 라고 내가 웃으며 말했다.

"하나 물어볼게요. 당신이 이제껏 살아오면서 진정으로 후회되는 일을 한 적이 있나요? 그런 일을 하고 난 후에 '그러지 말았어야 하는 건데.' 라며 혼잣말을 했나요?"

그는 고개를 끄덕이며 말했다.

"예, 그런 적이 있어요. 어머니 장례식 전날 밤에 술을 많이 마셨어요. 그래서 다음날 아침에 심한 숙취로 고생했죠. 장례식에 있었던 일이 잘 기억나지 않을 정도였어요."

"그랬을 때 기분이 어땠어요?" 하고 내가 물었다.

"정말 기분이 나빴어요. 어머니에게 정말 죄송했습니다. 어머니의 죽음은 제게 큰 충격이었죠. 늘 어머니랑 이것저것을 의논했는데……. 북받치는 슬픔을 억제하려고 술을 마시긴 했지만 너무 많이 마셨어요. 어머니가 아셨다면 슬퍼했을 겁니다. 술을 너무 많이 마신다며 항상 염려하셨거든요. 하늘나라에 있는 사람은 땅에서 일어나는 일을 모르기를 나는 바랐어요. 어머니의 마음을 아프시게 하고 싶지 않았거든요."

"하늘나라에 있는 사람이 땅에서 일어나는 일을 안다고 가정해 보세요. 그리고 당신의 어머니가 당신의 행동에 몹시 실망하셨다고 가정해 보세요. 만일 당신이 어머니와 대화할 기회를 얻는다면 무슨 말을 하겠습니까?"

칼이 눈물을 글썽이며 대답했다.

"정말 죄송하다고 말하고 싶어요. 장례식 전날 밤으로 돌아갔으면 좋겠어요. 그러면 술집으로 가지 않을 겁니다. 정말 어머니를 사랑한다고 말하며 용서를 구하고 싶어요."

내가 칼의 어깨에 팔을 얹으며 "당신이 방금 무슨 말을 했는지 아나요?"라고 물었다.

"예, 어머니에게 사과했어요. 기분이 한결 나아졌어요. 어머니가 제 말을 들으셨을까요?"

"들으셨을 겁니다. 그리고 당신을 용서하셨을 거예요."

"젠장! 울려는 게 아니었는데." 그가 뺨에 흐르는 눈물을 닦았다.

"그것도 문제예요. 진정한 남자란 울지 않는다고 배웠죠?"

"예."

"칼, 당신은 오랫동안 잘못 배워 왔어요. 울 줄 아는 게 진정한 남자예요. 울지 않는 남자는 가짜죠. 진짜 남자는 사과합니다. 사랑하는 사람에게 상처 준 것을 알면 '미안해요.' 라고 말할 줄 알죠. 칼, 당신은 진정한 남자입니다. 오늘 그걸 보여 줬어요. 이 사실을 잊지 말아요. 멜린다와 결혼하면 당신은 완벽한 남편이 되지 못하고 멜린다도 완벽한 아내가 되지 못할 겁니다. 반드시 완벽해야 결혼생활을 잘하는 건 아니에요. 서로에게 상처를 주었을 때는 사과해야 해요. 그리고 '미안해요'가 멜린다의 주된 사과의 언어라면 당신은 그렇게 말하는 법을 배울 필요가 있어요."

"알겠습니다! 이 세미나에 오길 잘한 것 같아요." 하고 그가 미소를 지으며 말했다.

1년 후 나는 사우스캐롤라이나의 컬럼비아에서 세미나를 인도하고 있었다. 토요일 이른 아침에 칼과 멜린다가 들어왔다.

"선생님과 대화할 기회를 얻기 위해 일부러 일찍 왔습니다. 작년에 섬머필드에서 열린 선생님의 세미나가 저희에게 얼마나 큰 영향을 미쳤는지 알려 드리고 싶었어요. 그 세미나는 저희 관계에 있어 큰 전환점이 되었습니다. 세미나에 참석한 지 3개월 후에 결혼했는데, 그날 배운 게 정말 큰 도움이 되고 있습니다."라고 칼이 말했다.

"만일 그 세미나에 참석하지 않았더라면 저희는 결혼하지 않았을지도 몰라요. 결혼 첫 해가 그렇게 힘들 줄 몰랐습니다."라고 멜린다가 말했다.

"칼이 사과하는 법을 아나요?" 내가 물었다.

"그럼요. 저희 둘 다 사과를 잘한답니다. 저희가 그날 배웠던 핵심 내용 중 하나가 바로 그거예요. 5가지 사과의 언어와 5가지 사랑의 언어 말이에요."

"저로서는 사과가 쉬운 게 아니었어요. 하지만 어머니에게 사과했던 그날이 중요한 돌파구였어요. 제 행동에 대해 솔직한 것이 얼마나 중요한지 깨달았습니다."라고 칼이 말했다.

"당신의 사랑의 언어는 무엇인가요?" 내가 멜린다에게 물었다.

"봉사예요. 칼이 잘하고 있어요. 심지어 수건을 빨고 개기도 해요."

칼이 고개를 흔들며 말했다.

"제가 그렇게 하리라고는 상상도 못했어요. 솔직히 말해서 빨래를 하는 게 '미안해요.' 라고 말하는 것보다 훨씬 더 쉬워요. 하지만 저는 두 가지를 다 배웠어요. 저는 행복한 결혼생활을 하고 싶어요. 멜린다와 평생 함께하길 원하고요. 오늘 저희가 이 세미나에 다시 참석한 것도 바로 그 때문이죠. 새로운 것들을 배우고 싶어요."

"당신은 진정한 남자예요." 그의 등을 두드리며 내가 말했다.[4]

나의 결혼생활을 돌아보면, 내가 사과의 중요성에 대해 그리고 효과적인 사과법에 대해 배웠더라면 얼마나 좋았을까 하는 생각이 든다. 만일 그랬다면 아내의 뇌리 속에서 나의 험한 말이 사라지기를 바라면서 고통스러운 침묵의 날들을 보내지 않아도 되었을 것이다.

---

[4] Gary D. Chapman, Jennifer Thomas, *The Five Language of Apology: How to Experience Healing in All Your Relationships* (Chicago: Northfield Publishing, 2006), pp. 125-128.

THINGS I WISH I'D KNOWN BEFORE WE GOT MARRIED

 나눔으로 하나되기 5

1. 당신이 가장 최근에 사과했던 때가 기억나는가? 기억난다면 그때 무슨 말을 했는가?

2. 어떤 사람에게서 가장 최근에 사과 받았던 때가 기억나는가? 그 사과가 진심인 것 같았는가? 그 사람을 용서했는가? 그 이유는 무엇인가?

3. 진심 어린 사과에서 듣고 싶은 말에 대해 서로 논의하라.

4. 지금 사과해야 할 일이 있는가? 사과해야 할 일이 있다면 오늘 하는 것이 어떻겠는가?

06. 용서는 감정이 아니라 결단이다

    사과에 대한 건강한 반응은 '용서'이다. 그러면 용서란 무엇을 뜻할까? 결혼 전에 나는 상처 입은 마음을 풀고 사랑의 감정을 회복하는 것이 용서라고 생각했다. 용서가 쉬워 보였다. 언젠가 캐롤린이 친구와 쇼핑 가야 한다며 나와의 약속을 취소했을 때 나는 화가 나고 기분이 상했다. 나와 함께 저녁 시간을 보내는 것보다 친구랑 쇼핑 가는 것을 더 중요하게 여기다니…….

  다음 데이트 시간을 갖기까지 나는 이틀 동안 마음의 상처와 분노를 품고 지냈다. 데이트 날 저녁에 캐롤린이 "무슨 일 있어요?" 하고 물었다. 나는 속내를 털어놓았다. 우리 둘만의 시간을 취소하고 친구랑 쇼핑했던 아내에게 몹시 실망했다고 말했다.

내 감정을 다 털어놓자 그녀가 매우 다정하게 말했다.

"미안해요. 당신에게 더 자세히 설명했어야 했는데. 당신과 함께 있고 싶지 않았던 게 아니에요. 그 친구가 시간을 낼 수 있는 주말이 그때뿐이었는데다, 친구가 어머니의 생일 선물 고르는 것을 도와달라고 부탁했거든요. 당신과의 데이트는 다른 날에도 가능해서 그랬던 건데, 당신 마음을 상하게 할 생각은 전혀 없었어요. 나 때문에 화났다면 나를 용서해 줘요."

마치 물을 빨아들이는 종이타월처럼 캐롤린의 사과가 내 마음의 상처를 깨끗이 지워 버렸다. 그리고 내 마음에 따뜻한 사랑의 감정이 되살아났다. 우리의 관계가 회복되었고, 나는 서운했던 일을 깨끗이 잊었다. 나는 그것이 바로 용서라고 생각했다.

그러나 결혼 후에는 용서가 훨씬 더 힘들게 느껴졌다. 결혼한 지 6주 정도 지난 어느 날 저녁, 아내와 나는 심하게 말다툼을 하고 있었다. 그러다가 아내는 우비를 입고 현관문을 쾅 닫고는 쏟아지는 빗속으로 나가 버렸다. 처음에는 '끝을 볼 때까지 싸우지 않고 왜 나가는 거야?' 라고 생각했다. 그러나 곧 이어서 '돌아오지 않으면 어떡하지?' 하고 염려가 되었다. '결혼한 지 얼마 되지도 않았는데 어떻게 이런 일이 생기지?' 라는 생각에 눈물이 났다. TV를 켜고 고통스러운 마음을 가라앉히려 했지만 소용이 없었다.

끝없이 길게 느껴졌던 시간이 지난 후에 문 열리는 소리가 들렸다. 돌아다 보니 아내가 울고 있었다.

"밖으로 나가 버려서 미안해요. 하지만 더 이상 견딜 수 없었어요. 난 말다툼이 싫어요. 당신이 내게 소리 질렀을 때 내가 밖으로 나가지 않으면 더 심해질 거라는 판단이 들었어요."

내가 소리 지른 것에 대해 사과했지만, 마음속으로는 그 모든 말다툼에 대해 아내를 비난했다. 그날 밤에 우리는 서로 등을 돌린 채 잠을 청했다.

생각하는 시간을 가진 후인 다음날에 나는 아내에게 다시 사과했고 아내도 내게 사과했다. 둘 다 "당신을 용서해요."라고 말했지만, 마음의 상처는 사라지지 않았다. 따뜻한 사랑의 감정도 돌아오지 않았다. 빗속으로 걸어나가던 아내의 모습이 내 머릿속에서 지워지지 않았다. 문을 꽝 닫는 소리도 잊혀지지 않았다. 그 장면을 떠올릴 때마다 상처가 되살아났다.

나는 신학교에서 '용서'라는 주제의 강좌를 들은 적이 없었다. 그 주제를 다룬 책도 읽은 기억도 없었다. 단지 내가 아는 것은, 우리 부부가 서로 용서한다고 말했지만 사랑의 감정이 회복되지는 않았다는 사실이었다.

이제 30여 년 동안 결혼 상담자로 일해 오면서 용서에 대해 많이 배웠다. 본장에서는 그 내용을 나누려 한다.

용서인 것과 용서가 아닌 것은 각각 무엇인가?

우리가 어떤 사람에게 말이나 행동으로 잘못을 저지를 때 그 관계를 회복하려면 사과와 용서가 필요하다. 그 잘못이 사소할 수도 있고 심각할 수도 있지만 해결 방법은 동일하다. 상대방에게 잘못을 저지르면 둘 사이에 감정적인 장벽이 생긴다. 시간이 지나도 그 장벽은 무너지지 않는다. 진심 어린 사과와 용서만이 그 장벽을 무너뜨릴 수 있다.

앞 장에서는 진심으로 사과하는 법에 대해 언급했다. 본장에서는 용서의 의미에 대해 생각해 볼 것이다.

성경에서 '용서'를 뜻하는 히브리어는 3개이며, 헬라어는 4개이다. 이들은 다양한 의미를 지닌 동의어이다. 가장 기본적인 개념은 '너그럽게 봐주다' 또는 '제거하다'이다. 우리를 용서하시는 하나님에 대해 성경은 "동이 서에서 먼 것같이 우리의 죄과를 우리에게서 멀리 옮기셨으며" 시 103:12 라고 말한다.

용서는 장벽을 무너지게 하며 벌을 면하게 한다. 하나님이 우리의 허물에 대한 대가를 더 이상 요구하지 않으신다. 우리가 진심으로 사과하며 용서를 구할 때, 하나님은 우리를 용서하시고 그 잘못에 대한 책임을 다시는 묻지 않으신다.

하나님이 우리를 용서하시듯이 우리도 서로 용서해야 한다. 따라서 용서는 감정이 아니라 결단이다. 공의를 요구하는 대신에 은혜를 베풀려는 결단이다. 용서는 장벽을 무너뜨리고 관계 진전의 가능성을 열어 준다.

여기서는 용서의 작용이 아닌 것들 5가지를 통해 용서를 설명하는 편이 더 좋을 것 같다.

1. 용서한다고 해서 잊혀지는 것은 아니다

"잊어버리지 않는다면 용서한 것이 아니다."라고들 말한다. 이 말은 사실이 아니다.

사람의 뇌는 좋은 일과 나쁜 일 또는 즐거운 경험과 불쾌한 경험을 모두 기억한다. 심리학자들은 인간의 마음을 둘로 구분한다. 하나는 '의식'이고, 다른 하나는 '잠재의식'이다.

'의식'은 우리가 현재적으로 인식하는 것들로 구성되어 있다. 예를 들면, 내가 현재 의자에 앉아 있다는 것을 온전히 인식한다. 주변의 광

경과 소리를 다른 사람들과 함께 나눌 수도 있다. '잠재의식'은 내면의 파일에 저장된 과거의 경험을 담아 두는 곳이다.

어떤 데이터는 잠재의식으로부터 의식으로 자연스럽게 이동한다. 우리가 잠재의식으로부터 의식으로 데이터를 가져올 수도 있다. 예를 들어, "아침에 무엇을 먹었어요?"라는 질문을 받으면, 우리는 잠재의식으로 들어가서 아침에 먹은 것을 생각해 낼 수 있다. 그 질문을 받기 전에는 아침 식사에 대해 의식적으로 생각하고 있지 않다.

잠재의식 속에 깊이 묻혀 있어서 노력을 해도 떠올리기 힘든 경험이 있다. 반면에 일부러 떠올리지 않아도 잠재의식으로부터 의식으로 떠오르는 기억도 있다. 상처 입은 기억들이 주로 그렇다. 상대방의 행동을 용서하고 장벽을 무너뜨리기로 결심한 후에도, 지난 일이 기억나서 때로는 마음의 상처와 분노를 느끼게 한다. 이 기억은 당신이 용서하지 않았음을 뜻하는 것이 아니다. 단지 당신이 인간이며 고통스러운 경험이 완전히 사라지지는 않았음을 뜻한다.

이 고통스러운 기억을 어떻게 해결할 수 있을까? 그것을 하나님께 가져가서 이렇게 고하라.

"하나님 아버지, 제가 무엇을 기억하며 무슨 느낌인지 주님은 아십니다. 그러나 그 모든 것을 용서할 수 있어서 감사합니다. 오늘 그 사람과의 관계를 회복하게 해줄 무슨 일을 하도록 도와주소서."

이 기도는 용서의 결심을 확인하고 더욱 돈독한 관계를 모색하는 내용이다.

2. 용서한다고 해서 잘못의 결과가 없어지는 것은 아니다

예를 들어보겠다. 한 어머니가 수술을 하기 위해 돈을 모았다. 그런데 그녀의 아들이 그것을 훔쳐 마약을 샀다. 그가 진심으로 사과하면 어머니가 그를 용서할 수도 있지만, 돈은 이미 사라져 버렸다.

한 아버지가 아내와 자녀를 버리고 떠났다. 20년 후에 그가 돌아와서 아내와 자녀에게 사과했다. 그들이 그를 용서한다고 해도 잃어버린 20년이 회복되지는 않는다.

화가 난 남편이 아내를 때려서 턱뼈를 부러뜨리고 말았다. 그가 진심으로 사과하고 아내도 그를 용서할 수 있다. 하지만 턱뼈는 이미 부러진 상태이다.

우리의 모든 행동에는 결과가 따른다. 긍정적인 행동은 긍정적인 결과를 낳고, 부정적인 행동은 부정적인 결과를 초래한다. 용서한다고 해서 잘못된 행동의 결과들이 모두 제거되는 것은 아니다.

3. 용서한다고 해서 신뢰가 회복되는 것은 아니다

외도했던 남편이 훗날 불륜 관계를 청산하고 아내에게 사과했다. 아내가 내 상담실로 찾아와서 말했다.

"남편을 용서했지만 그를 신뢰하지는 않아요. 그래서 제가 과연 그를 용서했는지 의심스러워요."

용서한다고 해서 저절로 신뢰가 회복되는 것은 아니다. 신뢰는 상대방의 성실성을 확신할 때 생기는 것이다. 상대방이 신실하지 못할 때 신뢰는 파괴된다. 약속을 지키지 않으면 신뢰를 잃는다. 그러면 신뢰를 회복하려면 어떻게 해야 할까? 상당한 기간 동안 자신의 말을 실천하는 모습을 보여 주면 신뢰가 회복되기 시작한다.

한 사람의 외도로 파국으로 치달았다가 이제 결혼생활을 회복할 방법을 찾고 있던 한 부부가 내 상담실로 찾아왔다. 외도한 사람이 진심으로 사과하고 용서한 후에 배우자에게 자신의 모든 생활을 점검하도록 허용하라고 내가 조언했다. 컴퓨터, 핸드폰, 그리고 다른 모든 정보자료들이 점검 사항에 해당한다. 이렇게 하는 것은 "나는 아무것도 숨길 게 없어. 진정으로 행동을 바꿨고, 당신의 신뢰를 다시 얻고 싶어요."라고 말하는 셈이다.

이와 같이 솔직한 태도로 신뢰를 회복할 수 있다. 용서는 저절로 신뢰를 회복시키지는 않지만, 신뢰 회복의 가능성을 열어 준다.

4. 용서한다고 해서 늘 화해가 이루어지는 것은 아니다

화해는 '다시 화합하게 됨'을 뜻한다. 화해를 위해서는 과거의 불화를 해결하고, 서로의 차이점을 극복하며, 한 팀으로서 협력하는 법을 배울 필요가 있다.

화해하려면 시간이 얼마나 걸릴까? 그것은 주로 둘 사이의 '불화 기간'에 달려 있다. 몇 시간이 걸릴 수도 있고, 몇 달이 걸릴 수도 있다. 두 사람이 관계 회복에 필요한 기술을 지니지 못한 경우에는 전문적인 상담가의 도움이 필요할 수도 있다. 용서한다고 해서 자동적으로 화합이 이루어지는 것은 아니지만 화해의 가능성은 열린다.

나는 '사과에 대한 건강한 반응은 용서'라는 말로 본장을 시작했다. 용서하지 않으면 장벽이 그대로 남아 있고 서로의 관계가 틀어진다. 시간이 지나도 그 관계는 치유되지 않는다. 치료를 위해서는 용서의 결단이 필요하고, 용서는 관계 개선 가능성의 문을 열어 준다.

나는 또 한 가지 질문으로 본장을 마감하고 싶다. "당신에게 상처를 준 사람이 사과하지 않으면 당신은 어떻게 할 것인가?"

가장 적극적인 접근법은 사과하면 용서하겠다는 뜻을 가해자에게 전하는 것이다. 이 첫 시도가 실패하면 2차, 3차로 시도할 수 있다. 사과한다는 것은 "나는 우리의 관계를 소중히 여겨요. 이 문제를 해결하고 싶어요."라는 뜻이다. 반면에 사과를 거부한다는 것은 "나는 우리의 관계를 귀하게 여기지 않아요. 서로 사이가 틀어져도 상관없어요."라는 뜻이다.

사과를 강요할 수는 없지만 화해의 말을 건네며 용서 의사를 표현할 수는 있다. 끝내 상대방이 관계 회복을 거부한다면, 당신의 상처와 분노를 하나님께 맡겨야 할 것이다. 상대방의 부정적인 태도 때문에 당신의 삶이 파괴되어서는 안 된다. 긍정적이고 건강한 관계를 세우려면 두 사람의 협력이 필요하다.

만일 본장에서 소개된 내용을 결혼 전에 알았더라면 나는 용서를 훨씬 더 잘했을 것이다. 나의 감정을 좀 더 건강한 방식으로 이해하고 해결했을 것이다. 용서는 상처를 치유하고 사랑을 회복하기 위한 첫 단계이다. 진지한 사과와 진심 어린 용서 없이는 건강한 결혼생활도 없다. 사과와 용서는 성공적인 결혼생활을 위한 핵심 요소임을 기억하라.

THINGS I WISH I'D KNOWN BEFORE WE GOT MARRIED

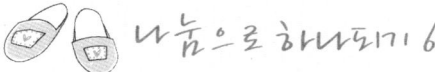

1. 문제 해결을 위해 직면해야 할 사람이 있는가? 그렇게 하지 못하도록 막는 것은 무엇인가?

2. 아직 당신이 용서하지 않은 사람이 있는가? 그렇게 하지 못하도록 막는 것은 무엇인가?

3. 사랑하는 사람과 당신 사이를 가로막는 장벽은 무엇인가? 그것을 무너뜨리기 위해 어떻게 할 것인가?

07. 화장실은 저절로 깨끗해지지 않는다

어릴 적 우리 집의 변기는 언제나 깨끗했다. 누군가가 변기를 닦아서라는 생각을 나는 해본 적이 없었다. 변기를 닦는 것을 본 적이 없었기에 변기를 닦은 사람이 어머니인지 아버지인지 지금도 나는 모른다.

결혼한 지 2주 후에 나는 대학원에 등록했다. 캐롤린과 나는 작지만 깨끗하고 안락한 기숙사에 들어갔다. 약 3주 후 나는 변기에 지저분한 얼룩이 낀 것을 보았다. 그 얘기를 들은 캐롤린은 "나도 알아요. 난 당신이 언제쯤 닦나 하고 생각하고 있었어요."라고 했다. "그것을 닦으라고? 난 당신이 닦을 줄 알았어요. 난 변기통 닦는 법을 몰라요." "그러면 가르쳐 줄게요." 하고 아내가 말했다. "물 내릴 때 자동으로 세척되는 것을 구할 수 없을까요?" 이 물음에 아내는 "그건 돈 낭비죠."라고 말했다.

결혼 전에는 내가 언젠가 변기를 청소하게 될 거라고는 전혀 생각해 본 적이 없었다. 하지만 나는 그 일에 곧 익숙해졌고, 2학기 때에는 화장실 청소 회사에서 파트타임으로 일했다. 전문적인 훈련을 받은 후에는 우리 집의 자그마한 변기를 닦는 것은 일도 아니었다.

내 질문에 대답해 보기 바란다. 만일 당신이 결혼한다면 화장실 변기를 누가 닦을 것이라고 생각하는가? 혼전 상담에서 내가 발견한 바에 의하면, 대부분의 남자들은 아내가 변기를 닦을 것이라고 생각한다. 반면에 대부분의 여자들은 남편이 할 것이라고 생각한다. 혼전 상담을 하지 않은 커플들은 대부분 변기 닦을 일을 생각조차 하지 않고 있다. 결혼한 지 3주가 지나면 그들도 변기가 자동세척식이 아님을 알게 될 것이다.

누가 무엇을 할 것인가?

이 문제를 끄집어낸 것은 내가 변기 닦는 일을 누가 맡느냐에 유별난 관심이 있어서가 아니다. 그저 결혼 후에 누가 무엇을 할 것이냐를 미리 의논하지 않고 결혼하는 젊은이들을 우려해서이다. 사회학자들이 말하는 '부부 역할'에 대한 우려이다.

오늘날의 결혼생활에서 가장 큰 스트레스 요인 중의 하나가 바로 역할에 대한 혼란이다. 남편은 부양자이고 아내는 주부였던 이전 세대에서는 누가 무엇을 할 것인지에 대한 혼란이 거의 없었다. 그러나 대부분의 여성들이 직업을 갖는 오늘날에는 아내는 남편도 가사를 적극적으로 도와줄 것을 기대한다. 만일 당신이 누가 무엇을 할 것인지에 대해 의논하지 않고 결혼한다면, 결혼 후 처음 몇 달 동안 그것이 부부싸움의 주요 원인이 될 것이다.

부부 역할을 의논할 때 고려해야 할 사항들이 몇 가지 있다.

첫 번째로 고려할 사항은 '두 사람이 다른 본보기를 보면서 자랐다'는 것이다.

한 젊은 아내가 이렇게 말했다.

"저희 아버지는 토요일 아침마다 세차하기 전에 늘 진공청소기를 돌리셨어요. 그런데 남편은 제가 진공청소기를 돌리고 세차장에 가서 세차하길 바라더군요. 제가 이렇게 게으른 사람과 결혼했다니 믿을 수가 없어요."

그녀의 남편은 이렇게 말했다.

"저희 집에서는 어머니가 진공청소기를 돌리셨어요. 아내가 그 일을 제게 부탁할 줄은 정말 몰랐어요. 세차도 그렇죠. 그건 효율성의 문제예요. 세차장에 3달러만 지불하면 3분 만에 세차를 할 수 있는데 왜 토요일마다 두 시간씩 허비해야 합니까? 우리 집에서는 세차를 한 적이 없어요. 석 달마다 12달러를 지불하고 차량 내부까지 세차해요. 왜 아내가 이 문제를 심각하게 여기는지 모르겠어요."

그녀에게는 그것이 심각한 문제였다. 남편이 무책임해 보였기 때문이다. 그런 아내를 남편은 이해할 수 없었다. 어릴 적의 본보기가 달랐기 때문이다.

혼전 상담 때 나는 상담받는 커플에게 자기 아버지와 어머니가 했던 집안일들을 적어 보게 한다. 목록이 만들어지면 양쪽 부모들의 유사점과 차이점을 점검하게 한다. 그런 후에 그들 자신의 결혼생활이 부모의 본보기들과 어떻게 유사하거나 다를지에 대해 충분히 논의하게 한다. 부모의 본보기의 영향을 무시하는 것은 미성숙의 표시다. 성숙한 커플은 자신의 기대를 솔직하게 얘기할 것이다. 부부 역할에 있어 의견 차이를 보이는 부분에 대해서는 결혼 전에 충분히 의논하여 합의점을 찾을 수 있다.

교육이나 종교적 신념의 영향

부부 역할 개념에 영향을 미치는 두 번째 사항은 '남성다움과 여성다움에 대한 각자의 철학'이다. "결혼생활에서 남편의 역할과 아내의 역할이 무엇인가?"라는 물음에 대한 답은 당신의 철학에 달려 있다.

당신의 대답에 큰 영향을 미치는 것은 교육적인 경험이다. 예를 들어, 아내가 페미니스트 교수들이 있는 대학에 다녔다면 아내의 역할에 대해 매우 다른 입장을 표할 것이다. 남편의 교육과 종교적 신념도 부부 역할에 대한 철학에 큰 영향을 미칠 것이다. 이 철학들을 무시하거나 사랑으로 그 영향을 제거할 수 있다고 생각하는 것은 어리석다. 만일 결혼 전에 이 차이점들을 충분히 합의하지 않으면 이들이 결혼생활에 큰 장애 요인으로 작용할 것이다.

남편이 설거지하는 것을 창피하게 여기고 아내는 그것을 남자답게 여긴다면, 설거지 문제가 그들에게 스트레스 요인이 될 것이다. 아내가 남편도 요리를 거들어야 한다고 생각하는 반면에 남편은 요리를 할 줄 모른다면, 결혼 전에 서로 충분히 합의할 필요가 있다. 아내가 생각을 바꾸든지 아니면 남편이 요리 강좌에 등록하든지 해야 한다. 이렇듯 남성다움과 여성다움에 관한 철학이 부부 역할에 대한 기대에 큰 영향을 미친다.

각자 잘하는 일이 무엇인가?

부부 역할 개념에 영향을 미치는 세 번째 사항은 '각자 잘하는 일이 무엇인가'이다.

남편과 아내는 각자 능숙한 분야가 다르다.

음식 준비를 예로 들어보겠다. 둘 중 하나는 쇼핑을 알뜰하게 하는 것을 잘하는 반면에 다른 한 명은 식사에 필요한 것이면 무엇이든 마구 구입하는 것을 잘한다. 한 명은 오븐을 다루는 데에 익숙하고, 다른 한 명은 그릴을 잘 사용한다. 한 명은 가구의 먼지를 잘 떨어내는 한편, 다른 한 명은 아예 먼지에 신경을 쓰지 않는다. 한 명은 나무를 다듬고 정원을 가꾸는 법을 잘 알고 있는데, 다른 한 명은 그 방면에 문외한이다. 한 명은 컴퓨터를 능숙하게 다루고, 다른 한 명은 이메일을 겨우 보내는 정도의 실력을 갖추고 있다.

두 사람이 같은 기술을 가져야 하는 것은 아니다. 그러나 이런 차이를 인식하고 서로의 유익을 위해 활용하는 것은 중요하다. 축구팀에서 11명 전원의 목표는 같지만 맡은 역할은 각기 다르다. 코치가 각 선수에게 가장 적절한 포지션을 맡기듯이, 부부 역할을 결정할 때에도 이러한 원칙을 적용하는 것이 좋다.

좋아하는 것과 싫어하는 것

누가 무엇을 할 것인지에 대한 합의에 영향을 미치는 네 번째 사항은 '각자 좋아하거나 싫어하는 것이 다르다'는 사실이다.

여자는 가계 예산을 세우고 수입과 지출을 꼼꼼히 적으려 하지만, 남자는 그것을 고역으로 여길 수 있다. 남자에게는 청소기 돌리는 일이 쉽지만, 여자는 고역으로 여길 수 있다. 여자는 매달 공과금을 지불하는 것을 즐겁게 여기지만, 남자는 심한 압박으로 느낄 수 있다.

각자의 좋아하거나 싫어하는 것을 파악하는 것은 부부 역할 결정 과정에서 중요한 단계이다. 각자 좋아하는 일을 맡는 것이 이상적이다. 하지만 둘 다 좋아하지 않는 일이 있다면 둘 중 한 사람은 그것을 맡아야 한다.

실제적인 연습

이제 실제적인 연습을 해보기로 하자. 이 연습은 변기 청소는 물론이고 다른 여러 일들을 누가 맡을 것인지를 결정하는 데 도움이 될 것이다. 만일 진지하게 결혼을 고려하고 있다면, 가정을 꾸려나가기 위해 해야 할 일들을 생각나는 대로 목록으로 작성하라.

시장을 누가 보고 음식 준비를 누가 할 것인지, 빨래를 누가 할 것인지, 청소기를 누가 돌릴 것인지를 포함시키라. 그리고 약혼자에게도 비슷한 목록을 작성하게 하라. 그런 후에 두 목록에 수록된 것들을 모두 포함시켜 새 목록을 함께 작성하라.

이 목록을 복사하여 하나씩 갖고 자신의 일이라고 생각하는 항목에 표시하라. 공동의 일이라고 생각되는 것에는 별도로 표시하되 우선적인 책임을 질 사람이 누군지를 기록하라.

이 목록이 완성되면 저녁 시간에 둘이 마주앉아 검토하는 시간을 가지라. 의견 차이를 보이는 항목이 있다면 합의가 필요하다. 우선 각자의 선택에 대한 이유를 들어보라. 그리고 그 결론에 도달한 이유를 가능한 한 솔직하게 얘기하라. 그런 다음 서로의 입장을 충분히 고려하면서 경청한 후 합의점을 도출하라. 결혼 전에 합의할 수 없다면 결혼 후에 어떻게 합의할 수 있겠는가?

합의된 결론에 도달했다고 해서 평생 그렇게만 해야 하는 것은 아니다. 결혼 후 6개월이 지나서 그 내용을 일부 수정할 수도 있다. 위의 목록을 작성함으로써 서로의 기대를 더 잘 이해하고 결혼에 임하는 것이다. 그렇게 하면 많은 다툼을 미연에 방지할 수 있고, 보다 화목하게 살아갈 수 있을 것이다.

THINGS I WISH I'D KNOWN BEFORE WE GOT MARRIED

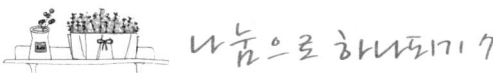 나눔으로 하나되기 7

1. 당신의 아버지는 어떤 집안일을 맡았는가?

2. 당신의 어머니는 어떤 집안일을 맡았는가?

3. 당신이 진지하게 결혼을 고려하고 있다면 위의 목록을 작성해 보기를 바란다.

08.
돈 사용 계획을 세워두면
싸움이 줄어든다

캐롤린과 내가 데이트할 때나 나중에 결혼을 결심했을 때, 돈 사용 문제에 대해 의논할 필요가 있다는 생각은 전혀 들지 않았다. 둘 다 돈이 없는데다 둘 다 갓 대학을 졸업한 상태였기 때문이다. 대학 시절에는 둘 다 기숙사에서 지냈다. 나는 아파트를 임대해 본 적도, 전기세를 내 본 적도, 자동차세를 내 본 적도, 옷을 사 본 적도 거의 없었다. 나는 학비를 벌려고 파트타임으로 일했다. 감사하게도 3학년이 지났을 때 아버지가 차를 한 대 사주셨고, 자동차 보험료까지 지불해 주셨다. 내 옷들은 거의 크리스마스와 생일 때 선물로 받은 것들이다.

캐롤린의 경우도 나와 비슷했다. 차이점이라면 캐롤린은 대학에 등록하기 전에 1년 동안 풀타임으로 일한 경험이 있었고, 아파트에 거주하면서 각종 공과금을 지불해 봤다는 것이다.

내가 대학원 과정을 마칠 때까지 그녀가 풀타임으로 일하기로 한 것이 돈 사용에 대한 유일한 계획이었다. 그 계획은 두 달 동안 지속되었다. 캐롤린은 새벽 5시 30분부터 일했다. 그녀는 '아침형 인간'이 아니었고, 건강 상태가 서서히 나빠지고 있었다. 그래서 계획을 수정하여 우리 둘 다 오후 파트타임 일을 찾기로 했다. 아내는 한 교수님의 도움으로 우리 대학교에 취직했고, 나는 은행에서 일자리를 구했다. 둘 다 돈을 많이 벌지 못했지만 기숙사비, 생필품, 자동차 연료비 따위를 지불하기에는 충분했다. 둘 다 3년 동안 옷 한 벌 사지 않았다. 내가 대학원 과정을 마치고 풀타임 직업을 가졌을 무렵 우리의 전 재산은 150달러였다.

그 당시에는 우리에게 돈 문제가 없었다. 돈이 없었기 때문이다. 부부가 어떤 목표에 도달하기 위해 일시적인 어려움을 참기로 하는 한, 그리고 생필품을 구입하는 데 문제가 없는 한, 돈 문제로 다투는 일은 거의 없을 것이다. 우리의 다툼은 돈을 벌기 시작한 후에 일어났다.

그때까지도 우리는 돈 관리에 대해 의논한 적이 없었다. 3년간의 힘든 생활이 지나자 둘 다 신나게 돈을 썼다. 그러나 무엇을 언제 구입할 것인지에 대해 서로 생각이 많이 달랐다. 아무런 계획도 없었기 때문에 많은 부부들의 경우와 같이 우리도 경제 문제로 자주 다퉜다. 결혼 전에 미리 계획을 세웠더라면 불필요한 충돌을 피할 수 있었을 것이다.

본장에서 소개할 내용은 간단한 돈 관리 계획이다. 수많은 부부들이 이 계획 덕분에 경제적인 문제로 생기는 다툼을 피할 수 있었다.

내 돈 네 돈 No, 우리 돈 Yes!

돈 사용 계획을 위한 첫 번째 주춧돌은, 결혼 후에는 '내 돈'이나 '네 돈'이 없어지고 '우리 돈' 개념만 있다는 사실에 동의하는 것이다. 결혼생활의 핵심은 '일체감'이다. 좋을 때나 궂을 때나 함께 살아가려 한다. 수입을 공유하고 지출을 결정할 때 협력한다. 물론 각자의 빚이 '우리 빚'이 되고, 각자의 저축도 '우리 저축'이 된다. 이런 일체감이 없다면 아직 결혼할 준비가 되지 않은 셈이다.

저축, 기부, 소비

돈 사용 계획을 세우기 위한 두 번째 단계는, 수입 중에서 저축과 기부와 소비에 각각 몇 퍼센트씩 할당할지를 의논하는 것이다. 지출 내역은 본질적으로 저축과 기부와 소비의 3가지로 구분된다. 이들 3가지 범주에 각각 몇 퍼센트씩 할애할지를 결정하는 것은 돈 사용 계획에서 중요한 단계이다.

나는 여러 해 동안 커플들에게 '10-10-80 계획'을 권해 왔다. 수입의 10퍼센트를 저축과 투자에 할당하라. 저축의 첫 번째 목적은 질병이나 실직을 당했을 경우 긴급 자금을 마련하는 것이다. 두 번째 목적은 신용카드 대금과 소비자 부채를 갚는 것이다. 세 번째 목적은 집이나 자동차를 구입하는 것이다. 퇴직 대비용 저축은 대개 직장에서 퇴직금 형태로 적립된다.

또 다른 10퍼센트는 기부를 위한 것이다. 기부는 자신에게 제공된 것을 감사하는 마음의 표현이다. 고대의 유대교와 기독교의 전통은 수입의 10퍼센트를 헌금하도록 권한다. 행복한 사람은 돈을 많이 가진 자가 아니라, 다른 사람들을 도움으로써 만족을 느끼는 사람이다. 성경은 "주는 것이 받는 것보다 복이 있다" 행 20:35 고 말한다.

캐롤린과 나는 10퍼센트 기부에 대해 당연한 것으로 여긴다. 둘 다 어릴 때부터 부모님에게서 이 원칙을 배웠다. 이 결정에 대해 한 번도 후회해 본 적이 없다. 만일 이 개념이 둘 중 하나에게 생소하다면 둘이 진지하게 의논해 봐야 할 것이다. 만일 당신이 10퍼센트 기부에 동의할 수 없다면 몇 퍼센트에 동의할 수 있는가? 결혼 전에 합의하면 결혼 후에 이 문제로 다툴 일이 없을 것이다.

나머지 80 퍼센트

남은 80퍼센트는 융자금 상환 또는 임대료, 보험금, 가구 구입비, 식비, 의복비, 교통비, 의료비, 레크리에이션비 등에 할당하면 된다. 어떻게 할당할지는 결정하기 나름이다. 주택에 더 많이 할당할수록 다른 지출을 더 줄여야 한다. 젊은 커플들이 가장 흔히 저지르는 실수는 자신의 수입으로 감당하기 힘든 집을 구입하는 것이다.

결혼 전에는 주택이나 위에 열거된 것들을 마련하는 데 드는 비용을 정확히 알기 힘들다. 나는 결혼을 고려 중인 커플에게 자신이 구입하거나 세를 내려는 집 근처에 사는 결혼 3년 차의 부부를 만나 볼 것을 종종 권한다. 주택 마련에 드는 비용이 대략 어느 정도인지 알아보게 하기 위해서이다. 그들이 다른 지출 목록까지 보여 줄 수도 있다. 그러면 현실 감각을 찾는 데 도움이 될 것이다. 주택 마련을 위해 수입의 40퍼센트 이상을 써서는 안 된다는 것이 일반적인 지침이다.

그리고 쇼핑을 지혜롭게 하도록 신경 써야 한다. 아울렛 매장에서 2

달러를 절감하느라고 5달러의 차량 연료비를 쓴다는 농담이 있다. 그러나 지출 절감을 위해서는 지혜로운 쇼핑이 꼭 필요하다. 지혜로운 쇼핑은 시간과 노력과 깊은 통찰력도 요한다. 그렇게 해서 절감한 돈을 다른 데 쓸 수 있다. 지혜로운 쇼핑을 위해서는 실제적인 도움을 얻을 책들을 찾아 읽어 보기 바란다.

모든 커플들이 의논할 필요가 있는 또 다른 중요한 문제는 신용 구매이다. 내가 극구 말리고 싶은 사항이다. 대중매체에서는 걸핏하면 "지금 구입하고 나중에 갚으세요." 하고 외친다. 지금 외상으로 구입하면 나중에 더 많은 금액을 지불해야 한다. 외상 거래에 대한 이율은 매우 다양하다. 작은 글씨로 적힌 이율 표시에 유의해야 한다. 신용 거래는 특권이지만, 우리가 반드시 갚아야 하는 것이다.

신용 구매가 불가피하다면 여러 가지를 점검하여 가장 유리한 것을 택해야 한다. 현금이 없을 경우에 최선의 방법은 은행에서 대출을 받는 것이다. 은행은 신용 있는 사람에게 기꺼이 대출해 준다. 만일 당신이 은행 대출을 받을 수 없다면 구매 자체를 삼가야 할 가능성이 많다.

많은 커플들의 경우 신용카드는 '경제적 파산 협회'에 들어가게 하는 회원카드이다. 그 카드는 충동구매를 독려한다. 신용카드가 지출 기록을 보존할 수 있게 한다는 점에서는 도움이 된다. 그리고 카드 대금을 신속하게 결제한다면 부담을 최소화할 수 있다. 하지만 대부분의 커플들은 신용카드를 사용할 경우에 소비를 더 많이 하고, 결제 기간을 더 길게 잡는다.

우리는 왜 신용 거래를 이용할까? 지금 지불할 수 없는 것을 지금 원하기 때문이다. 집을 살 경우에는 어차피 집세를 내야 하기 때문에 지혜로운 방법일 수도 있다. 집을 잘 고르면 그 값이 오를 수도 있다. 만일 계약금을 준비하고 매달 불입금을 낼 수 있다면 그런 식의 주택 구입은 지혜로울 수 있다. 그러나 구입한 집의 가치는 대개 오르지 않고, 집을 구입한 날부터 집값이 떨어지기 시작한다. 형편상 집을 살 만한 처지가 아니다. 집값은 계속 떨어지는데도 구입 대금에다 신용거래에 따른 이자까지 납입하게 된다.

우리 사회에는 '필수품'이라는 것이 있다. 하지만 부모님이 수십 년 걸려서 마련한 집을 젊은 커플은 왜 결혼 첫 해에 구입해야 한다고 생각할까? 왜 가장 크고 좋은 것을 지금 당장 가져야 하는가? 그런 철학을 지니고 있으면 서서히 성취해 가는 기쁨을 상실하게 된다. 생필품들은 비교적 적다. 이러한 생필품들은 당신의 현재 수입만으로도 마련할 수 있다. 더 많고 더 나은 것들을 가지려는 포부를 반대하는 게 아니라, 다만 현재의 형편을 고려해야 한다는 말이다. 미래의 성취와 기쁨은 미래의 일이니 오늘 가진 것으로 오늘 즐겁게 사는 것이 좋다.

여러 해 동안 아내와 나는 독특한 게임을 즐겨 왔다. 다른 모든 사람이 반드시 가져야 한다고 생각하는 것 중 몇 가지나 없이 지낼 수 있는지 실험하는 게임이었다. 대학원 다닐 때 필요에 의해 이 게임을 시작했지만 시도해 보니 유익한 것 같아서 지금까지 해오고 있다.

그 게임은 이런 식이다. 금요일 밤이나 토요일에 함께 백화점에 가서 갖가지 물건들을 살펴본다. 라벨을 읽어 보고 정말 멋진 제품이라고 말한다. 그리고 서로 돌아보며 "저걸 굳이 갖지 않아도 되니 다행이지?" 하고 말한다. 다른 사람들은 물건들을 잔뜩 들고 가지만 우리는 아무것도 구입하지 않아도 행복한 기분을 만끽한다. 나는 젊은 부부들에게 이 게임을 강력히 권하고 싶다.

심각한 경제 문제를 방지할 수 있는 또 다른 방법은 중요한 구매를 할 때 반드시 서로 의논하기로 하는 것이다. 중요한 구매의 기준 금액을 구체적으로 정해야 한다. 예를 들어, 100달러 이상인 물건을 구입할 경우에 서로 의논하기로 할 수 있다. 만일 부부들이 원칙을 따른다면 아직 매장에 있을 골프채들이 많을 것이다. 그리고 많은 부부들이 훨씬 더 행복해질 것이다.

누가 가계부를 쓸 것인가?

내가 마지막으로 제안하고 싶은 사항은 결혼 후에 가계부 쓸 사람을 결혼 전에 미리 정해 두라는 것이다. 가계부 쓰는 사람은 매달 청구서 대금을 지불하고, 계획대로 지출되고 있는지를 수시로 점검해야 한다. 그러나 경제적인 결정을 맡는 것은 아니다. 그런 결정은 서로의 합의를 요한다.

가계부 담당자가 한번 정해지면 평생 그 일을 맡아야 하는 것은 아니다. 6개월 후에 배우자에게 그 일을 맡길 수도 있다. 경제적인 부분을 상세히 의논하다 보면 누가 그 일에 더 능숙한지 분명히 알 수 있다.

물론 가계부를 맡지 않은 파트너도 가계부 쓰는 법과 그 내용에 대해 잘 알고 있어야 한다. 둘은 한 팀이며 둘 다 경제적 상태를 세부적으로 알 필요가 있다.

갓 결혼한 부부가 돈 사용 계획에 대해 충분히 의논하고 합의점을 찾는 데 본장이 도움이 되기를 바란다. 돈 사용 계획이 필요하다는 얘기를 우리도 결혼 전에 들었으면 좋았을 것이라는 생각이 든다.

THINGS I WISH I'D KNOWN BEFORE WE GOT MARRIED

 나눔으로 하나되기 8

1. 현재 당신은 돈을 어떻게 사용하려고 계획하고 있는가? 가급적 상세한 계획을 세우라. 만일 결혼을 준비하고 있다면 상대에게도 같은 질문을 해 보라.

2. 수입의 10퍼센트를 기부할 계획을 갖고 있는가?

3. 수입의 최소한 10퍼센트를 저축이나 투자에 할당할 계획이 있는가?

4. 2, 3번 문항에 대해 상대와 의논해 보고 결혼 후에 어떻게 할지 합의하라.

5. 결혼 후 하기로 계획한 일을 개인적으로 시작하라. 결혼 후에 수입의 10 퍼센트를 저축할 계획이라면 지금부터 시작하라.지금부터 하면 결혼 후에도 계획대로 잘할 가능성이 많다.

6. 약혼한 상태라면 당신의 총 자산과 부채를 약혼자에게 알려 주라. 그리고 현실적인 대책을 세우라.

7. 결혼 후에 짊어질 빚을 청산할 계획을 함께 세우라.

8. 결혼 후 지출 계획을 함께 세우라. 그러자면 주택 관련 정보가 꼭 필요할 것이다.

9. 중요한 구매를 할 경우에는 반드시 서로 의논하기로 합의하라. 그리고 중요한 구매의 기준 금액을 정하라.

10. 가계부를 누가 쓸 것인가? 그 이유는 무엇인가?

09.
성적 만족은 거저
주어지는 것이 아니다

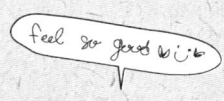

      이것 역시 내가 결혼생활에서 결코 예상하지 못했던 문제이다. 나는 남자다웠고 캐롤린은 여자다웠다. 우리는 서로에게 성적 매력을 충분히 느꼈다. 더 이상 무엇이 필요했을까? 결혼하면 성적 만족이라는 면에서는 더할 나위 없을 것이라고 생각했다. 하지만 결혼 후에 나는 한 사람에게 천국인 것이 상대방에게는 지옥일 수 있음을 알게 되었다.

      남성과 여성이 다르다는 것을 아무도 내게 알려 주지 않았다. 물론 신체적인 차이에 대해서는 알고 있었지만, 여성의 성생활에 대해서는 아는 것이 거의 없었다. 나는 캐롤린도 나처럼 많이 즐기고, 성생활을 자주 원할 것이라고 생각했다. 그리고 내가 즐거워하는 것을 캐롤린도 즐거워할 것이라고 생각했다. 그러나 나는 캐롤린 역시 남자의 성생활에 대해 거의 모른다는 사실을 알게 되었다.

만일 내가 이 주제에 대한 글을 결혼 전에 읽었더라면, 새로 결혼한 부부가 서로 성적 만족을 얻는 법을 배우는 데에 1년이 걸릴 것임을 암시한 구약 성경 말씀을 이해했을 것이다 신 24:5. 나는 정보 부족 때문에 허를 찔렸다. 본장에서는 내가 결혼 전에 성에 대해 알았어야 했던 것을 제시할 것이다.

1. 남자는 섹스에, 여자는 관계에 초점을 맞춘다

거친 말이나 무책임한 행동으로 인해 관계가 손상되면, 여성은 성행위에 관심을 갖기 힘들다. 여성에게 있어 성행위는 사랑하는 관계에서 생기는 친밀한 행위이다. 아이러니하게도, 종종 남자는 관계상의 어떤 문제도 섹스에 의해 해결될 것이라고 생각한다. 한 아내가 이렇게 말했다.

"남편은 저에게 몹시 화를 내고는 30분 후에 미안하다고 하면서 사랑을 나눌 것을 부탁합니다. '내가 당신을 얼마나 사랑하는지 보여 주겠소.' 라고 말하죠. 섹스가 모든 것을 해결해 줄 거라고 생각해요. 하지만 그건 잘못된 생각이에요. 저는 저에게 막말한 사람과 성행위를 할 수 없어요."

심한 말다툼을 벌인 후에 성행위를 요구해도 좋을 정도로 아내의 마음이 누그러지기를 기대하는 것은 무리다. 사랑을 나누려면 진지한 사과와 진심 어린 용서가 선행되어야 한다.

달리 말하자면, 여성에게 있어 성행위는 침실에서가 아니라 주방에서 시작된다. 남편이 주방에서 아내의 주된 사랑의 언어로 말하면 아내는 성행위에 대해 마음을 더 쉽게 연다. 아내의 사랑의 언어가 '봉사'라면 설거지하거나 쓰레기를 내다 버리는 남편의 모습이 아내에게는 성적인 매력으로 느껴진다. 한 남편이 내게 이렇게 말했다.

"쓰레기 내다 버리는 일이 아내에게 성적 매력을 준다는 것을 알았더라면, 저는 하루에 두 번이라도 쓰레기를 버렸을 것입니다. 아무도 저에게 그 사실을 알려 주지 않았어요."

반면에 아내의 사랑의 언어가 '인정하는 말'이라면 아내의 음식 솜씨나 아름다운 외모를 칭찬할 때 남편과 성적으로 친밀해지고 싶은 마음이 아내에게 생길 것이다. 남편은 '사랑 탱크'가 가득해지지 않아도 아내와의 만족스러운 성관계를 가질 수 있지만, 아내는 그렇게 하기 힘들다.

2. 아내에게는 섹스 행위 자체보다는 전희가 더 중요하다

여성은 뭉근한 것을 좋아하는 반면, 남성은 비등점에 빨리 도달하고 싶어한다. 여성은 부드러운 애무와 전희를 거쳐 섹스를 원하는 지점에 이른다. 남편이 결승점을 향해 성급하게 돌진하면 아내는 '왜 이런 것에 이렇게 집착하지?' 라는 생각이 든다. 충분한 전희가 없으면 아내는 강제 추행 당하는 느낌을 받기도 한다. 한 아내는 "전 사랑받는다고 느끼길 원하는데 그의 관심은 온통 섹스에만 있어요." 라고 말했다.

3. 둘이 동시에 절정에 도달해야만 성적 만족을 얻는 것은 아니다

주로 영화의 영향 때문에 많은 커플들은 성행위를 할 때마다 부부가 동시에 절정의 환희에 도달할 것이라는 생각을 갖고 결혼한다. 그러나 부부가 동시에 절정이나 오르가슴에 도달하는 경우는 드물다. 중요한 것은 둘 다 그것을 경험하는 것이다. 그런 즐거움이 꼭 동시에 일어날 필요는 없다.

사실 전희 중에 오르가슴에 도달하는 것을 선호하는 아내들이 많다. 남편의 자극으로 오르가슴을 느낄 때 아내는 절정에 도달하는 남편을 위한 준비가 되어 있다. 동시에 절정에 도달하려는 비현실적인 기대 때문에 많은 부부들이 불필요한 근심에 사로잡히는데 그럴 필요가 없다.

4. 특정한 성행위를 강요하는 것은 일종의 성폭행이다

참된 사랑은 언제나 상대방에게 즐거움을 주려 한다. 배우자의 마음에 거슬리는 것을 요구하지 않는다. 특정한 성적 표현에 대해 부부간에 의견 차이가 있다면 대화와 의논이 필요하다. 합의에 도달하지 못할 경우에는 상대방의 입장을 존중하는 것이 사랑이다. 이 원칙을 어기면 서로가 성적 만족에 도달하기 힘들다.

5. 성행위는 섹스 그 이상이다

성행위는 그 특성상 연합의 경험이다. 남성과 여성의 가장 친밀한 결합이다. 단순히 두 몸이 결합하는 것만이 아니다. 몸과 마음과 정신의 결합이다. 기독교와 대부분의 다른 종교들이 섹스를 결혼 안에서만 허용하는 이유도 바로 이 때문일 것이다.

섹스는 남편과 아내를 평생 친밀한 관계로 결합시키는 독특한 연합 경험이다. 섹스를 단지 성욕 해소나 일시적인 성적 쾌락을 위한 방편으로 보는 것은 그 원래의 목적에 맞지 않다. 그렇게 되면 섹스가 이기적이며 세속적인 행위로 전락한다. 반면에 그것을 서로에 대한 가장 깊은 헌신의 표현으로 볼 때 둘이 함께 성적 만족을 얻을 수 있다.

6. 커뮤니케이션이 성적 만족을 위한 비결이다

오늘날의 문화에서는 성적인 대화가 자연스럽다. 그러나 놀랍게도, 내 상담실을 찾아오는 부부 중에는 성생활에 대해 대화하는 법을 전혀 모르는 이들이 많다. 정작 그런 대화를 시도하더라도 대개 정죄하거나 거부하는 인상을 준다. 상대방의 말을 들으려 하기보다는 자신이 말을 더 많이 하려 한다. 상대방에게 즐거움이나 거부감을 주는 것이 무엇인지를 알 수 있는 유일한 방법은 상대방의 말에 귀 기울이는 것이다. 타인의 마음을 읽을 수 있는 사람은 아무도 없다. 내가 공감하는 태도로 경청하는 법을 배우도록 부부들에게 자주 당부하는 것도 바로 이 때문이다.

공감하는 태도의 경청이란, 상대방의 생각과 감정을 알아내기 위해 귀 기울이는 것이다. 상대방이 바라거나 싫어하는 것은 무엇인가? 종종 나는 젊은 부부들에게 결혼 후 처음 6개월 동안 한 달에 한 번씩 다음 질문을 하도록 권한다.

"우리의 더 나은 성관계를 위해 내가 어떻게 하는 것이 좋을까요?"

상대방의 대답을 적어두고 진지하게 생각해 보라. 결혼 후 첫 6개월 동안 이렇게 하면 서로의 성적 만족을 위한 길을 찾게 될 것이다.

7. 과거는 결코 과거로만 남지 않는다

성적으로 개방된 오늘날의 문화에서는 많은 커플들이 결혼 전에 성적으로 적극성을 보인다. 흔히들 혼전 성경험이 결혼 준비에 도움이 된다고 생각한다. 그러나 모든 연구 조사의 결과는 그렇지 않다. 사실 혼전 성경험이 있는 자들의 이혼율은 그렇지 않은 자들에 비해 두 배이다.[5] 혼전 성경험은 종종 결혼 후의 성생활에 심리적 장애 요인으로 작용하기 때문이다.

오늘날의 문화는 혼전 성행위를 기분전환 정도로 여기도록 가르친다. 그리고 일단 결혼하고 나면 과거의 실수를 깨끗이 청산하고 배우자에게 성적으로 충실할 수 있다고 가르친다. 아무런 문제도 남지 않는다는 것이다. 그러나 심리적인 앙금을 깨끗이 씻어내는 것은 쉬운 일이 아니다. 종종 부부들은 배우자의 성경험을 알아내려고 애쓴다. 그것이 밝혀질 경우 때로는 지우기 힘든 기억으로 남는다. 부부끼리는 배타적인 관계를 갈망한다. 자신의 배우자가 다른 사람과 성관계를 맺었다고 생각하면 고통스럽기 마련이다.

---

[5] William G. Axinn, Arland Thorton, "The Relationship Between Cohabitation and Divorce: Selectivity or casual influence?" *Demography* 29 (1992): pp. 357-374; Zheng Wu, "Premarital Cohabitation and Postmarital Cohabitation Union Formation," *Journal of Family Issues* 16 (1995): pp. 212-232.

과거의 성경험에 대해서는 결혼 전에 해결하는 것이 훨씬 낫다. 과거의 성행위에 대해 논의하지 않고 결혼하면 십중팔구 그 과거의 문제가 현재 속에 분출된다. 결혼 후에 이런 일이 생기면 성행위 자체보다 기만당했다는 생각에 더 견디기 힘들어진다.

과거의 성경험에 대한 솔직한 고백을 듣고 당신의 마음이 결혼 전에 치유되지 않는다면, 둘이서 또는 상담자의 도움으로 그 문제를 해결할 때까지 결혼을 연기하는 편이 지혜로울 것이다. 그리고 끝내 해결하지 못한다면 결혼 계획을 취소하는 게 나을 것이다. 만일 이 문제로 씨름하고 있다면 『보이지 않는 속박: 과거의 성적인 문제로부터 자유로워지는 법』 The Invisible Bond: How to Break Free from Your Sexual Past을 읽어 보라.[6] 과거 문제를 긍정적인 방법으로 해결하는 데 도움이 될 것이다.

결혼을 앞둔 커플들은 서로의 성적 만족을 찾는 법에 대해 보다 현실적인 안목을 가지고 결혼에 임해야 할 것이다. 나는 이런 면에서 본장 내용이 도움이 되기를 바란다. 마지막으로 한 가지 제안하고 싶은 것이 있다. 결혼 첫 해 동안 부부간의 성생활에 관한 책을 함께 읽고 토론하라.

---

[6] Barbara Wilson, *The Invisible Bond: How to Break Free from Your Sexual Past* (Colorado Springs, Multnomah Publishers, 2006).

THINGS I WISH I'D KNOWN BEFORE WE GOT MARRIED

feel so good 나눔으로 하나되기 9

1. 당신은 성행위에 관한 오늘날의 문화적 시각이 어떻다고 생각하는가?

2. 당신은 어떤 면에서 이 시각에 동의하거나 반대하는가?

3. 연구 자료에 의하면, 혼전 성경험이 있는 부부가 그렇지 않은 부부보다 높은 이혼율을 보인다. 그 이유가 무엇이라고 생각하는가?

4. 과거의 성경험을 상대에게 어느 정도나 솔직히 얘기했는가?

10.
결혼은 둘이 아니라 가족과 하는 것이다

결혼 후 둘의 관계만 있을 것이라고 생각한다면 그것은 잘못된 생각이다. 결혼을 하면 좋은 일과 궂은 일을 함께 나눌 새 가족이 생긴다. 결혼식이 끝나면 남편의 가족이, 아내의 가족이 사라지는 것이 아니다. 양쪽 부모들은 신혼여행 기간 동안 둘만의 시간을 허락한다. 그러나 신혼여행이 끝나면 그들은 두 사람의 삶의 일부이기를 기대한다.

부모의 관여가 상당히 현저한 문화권도 있다. 이런 문화권에서는 신부가 신랑과 시부모의 집으로 들어가 무기한으로 살기도 한다. 결혼 지참금을 받고 신부는 신랑의 가족에게 속하게 되며, 시어머니로부터 며

느리 교육을 받는다. 서구 문화권에서는 인척 관계가 엄격하지는 않지만 그럼에도 불구하고 그 관계는 여전히 존재한다.

30여 년 동안 많은 부부들이 내 사무실을 찾아와서 다음과 같은 불평을 털어놓았다.

- "시어머니는 제게 요리법을 가르치고 싶어하세요. 제 요리 경력이 자그마치 10년입니다. 시어머니의 도움을 전혀 받고 싶지 않아요."

- "장인어른은 저를 좋아하지 않아요. 딸을 조건이 떨어지는 사람과 결혼시켰다고 친구들에게 말씀하신답니다. 아마도 의사나 변호사를 원했던 것 같습니다. 저는 배관공이지만 그들보다 돈을 더 많이 법니다. 하지만 굳이 그 사실을 장인어른에게 말하고 싶지는 않아요."

- "시누이와 시어머니는 가족 모임에 저를 부르지 않아요. 제 동서는 초대하면서 저는 초대하지 않습니다."

- "처남은 스포츠 광입니다. 저희는 서로 취향이 다르죠. 그는 책이나 정치에는 도무지 관심이 없어요."

- "장인어른은 회계사예요. 뵐 때마다 돈 관리법에 대해 조언하시죠. 솔직히 장인어른의 조언에 동의하지 않지만 예의상 그런 척합니다."

- "남편보다 네 살 위인 아주버님이 늘 남편에게 이래라저래라 해요. 저는 남편이 형의 말에 너무 좌우되는 게 싫어요. 제가 다른 의견을 밝히면 남편은 항상 아주버님 편을 듭니다."

- "장인어른과 장모님이 아내에게 저희 형편에 맞지 않는 물건을 사라며 돈을 주세요. 저희가 알아서 생활을 꾸려 나가도록 두 분은 가만히 계셨으면 좋겠습니다."

- "시부모님은 예고도 없이 불쑥 찾아오셔서 저를 당황스럽게 해요. 그분들의 기분을 상하게 하고 싶지는 않지만, 미리 전화라도 하시고 오셨으면 좋겠어요."

결혼하면 당신의 가족은 확대된다. 이 가족은 배우자의 어머니, 아버지, 형제, 자매, 삼촌, 숙모, 사촌, 조카, 질녀까지 포함한다. 이들과의 관계가 멀 수도 있고 가까울 수도 있으며, 긍정적일 수도 있고 부정적일 수도 있다. 하지만 결혼하는 한 이 관계를 무시할 수 없다.

확대가족과의 관계를 긍정적으로 맺으면 생활이 한결 쉬워진다. 이 관계는 서로 얼마나 자주 만날 수 있는지에 달려 있다. 만일 당신이 양쪽 확대가족으로부터 멀리 떨어져 산다면, 그 관계가 긍정적일지라도 멀 수 있다. 서로 만날 기회가 명절이나 결혼식 또는 장례식 때로 제한

될 것이다. 반면에 가까이 산다면 서로 자주 만날 수 있다.

배우자 부모와의 관계에서 유의할 점

인척 관계 중 가장 친밀한 것은 대개 배우자 부모와의 관계이다. 따라서 본장에서는 이 관계에 초점을 맞추려 한다. 그러면 인척과의 관계에서 이해와 합의를 요하는 유의사항들은 무엇일까? 5가지를 소개하면 다음과 같다.

1. 가족이 중시하는 명절이나 종교적 신념이 있을 수 있다

첫째는 명절이다. 서구 문화권에서는 다른 어떤 명절보다 크리스마스에 더 많은 가족원들이 모인다. 종종 생기는 문제는 양쪽 부모 모두가 크리스마스를 자신의 집에서 함께 보내기를 원한다는 것이다.

모두 가까이 살면 별 문제가 아닐 수 있다. 양쪽 부모의 집이 아주 멀리 떨어져 있지 않다면 크리스마스 이브를 한쪽에서 보내고, 크리스마스는 다른 쪽에서 보내면 되기 때문이다. 그러나 양쪽의 거리가 매우 멀 경우에는, 올해에는 이쪽 부모와 지내고 내년에는 저쪽 부모와 지내는 식으로 의논해야 할 수도 있다.

크리스마스 외에 양쪽 부모 모두 또는 어느 한편이 특별히 중요시하는 명절이 있을 수 있다. 명절이 아니라도 가족마다 함께 모이는 전통적인 날이 있을 것이다.

한 젊은 아내가 이렇게 말했다.

"어머니 생일 때 언니와 저는 늘 어머니와 함께 저녁에 외식하러 갔어요. 이제 결혼하고 나니 남편이 난감해해요. 비행기표를 마련할 돈이 없다는 겁니다. 저로서는 정말 받아들이기 힘들어요. 어머니와 언니가 남편을 나쁘게 여길까 봐 염려돼요."

어느 젊은 남편은 이렇게 말했다.

"7월 4일은 저희 가족이 생선튀김을 먹는 날이에요. 남자들은 아침 일찍 낚시하러 가죠. 하루 종일 하는 행사예요. 1년에 단 하루 사촌들을 모두 만나는 날이기도 하고요. 아내는 그날 처가 식구와 함께 지내야 한다고 생각합니다. 그들이 모이면 저녁에 외식하는 게 전부죠. 그건 언제든 할 수 있는 거 아닌가요?"

가족의 전통에는 깊은 애착이 담긴 경우가 많다. 그것을 결코 가볍게 여겨서는 안 된다.

또한 인척은 당신에 대한 기대감을 갖고 있을 것이다. 만일 결혼 전에 그들과 함께하는 시간이 많지 않았다면, 당신은 이런 기대감에 당황

할 수 있다.

한 남편이 말했다.

"장인어른과 장모님과 함께 외식하러 갈 때 그분들은 식사비를 한 번은 자신들이 내고, 한 번은 제가 내길 기대하세요. '이번에는 당신이 낼 차례예요.' 라는 아내의 말을 들었을 때 몹시 당황했어요. 저희 부모님과 함께 외식할 때에는 늘 부모님이 돈을 내시거든요."

이런 기대감이 종교적인 경우도 있다. 한 젊은 아내가 말했다.

"주말을 시부모님과 함께 보낼 때 그분들은 금요일 밤에 유대교 회당에 같이 가기를 원하세요. 우리 둘 다 그리스도인인데 말이에요. 전 매우 불편하지만 그분들의 기분을 상하게 하고 싶지 않아서 할 수 없이 함께 간답니다. 시부모님이 저희 집을 방문하면 과연 주일에 저희와 교회에 가실지 궁금해요."

그녀의 남편이 말했다.

"주말에 처갓집을 방문할 때 장인어른, 장모님은 주일에 제가 정장 차림으로 교회에 갔으면 하세요. 저희가 다니는 교회에서는 그런 걸 따지지 않아요. 그리고 저는 정장이 한 벌밖에 없습니다. 5년 전에 할머니 장례식을 위해 샀던 거죠. 그걸 입으면 너무 불편해요."

인척의 행동 방식 중에 당신을 힘들게 하는 것이 있을 수 있다. 예를 들면, 당신의 장인이 목요일 밤마다 술에 취해 들어와서 장모에게 막말을 할 수도 있다. 장모는 그 행동을 아내에게 얘기하고, 아내는 당신에게 말한다. 당신은 문제를 해결해 보고 싶지만 마음뿐이다. 당신은 장인의 행동에 신경이 쓰이지만 장모 때문에도 속이 탄다. 아내와 장모가 대화할 때마다 장모는 장인 얘기를 꺼내고, 그러면 아내의 기분이 상하기 때문이다.

결혼 5개월째인 메간이 상담실로 와서 말했다.

"시어머니는 정리를 철저히 하시는 분이에요. 모든 신발을 정해진 자리에 두고, 자신의 옷을 색깔별로 꼼꼼히 정리하시죠. 문제는 제가 정리를 잘 못한다는 겁니다. 시어머니가 저희 집에 오시면 이런저런 조언을 하세요. 보다 편리하게 생활할 수 있도록 도와주려는 건 알지만, 그건 제 스타일이 아니에요. 게다가 저는 그렇게 꼼꼼하게 정리할 시간이 없어요."

인척의 종교적 신념이 당신의 생각과 다를 수도 있다. 한 젊은 남편이 말했다.

"장인어른과 함께 있을 때마다 장인어른은 자신의 신앙관을 제게 주입하려 해요. 저도 그리스도인이지만 장인어른처럼 교리적이거나 밀어붙이는 스타일을 좋아하지는 않습니다. 종교란 개인적인 문제라는 게 제 생각이죠. 자신의 생각을 제게 강요하려는 장인어른을 보면 신경질이 나요."

루터교 가정에서 자란 수잔은 이렇게 말했다.

"시댁 식구들은 침례교도인데 저만 보면 침례를 받으라고 말해요. 저는 유아세례를 받아서 다시 세례를 받을 필요가 없다고 생각하거든요. 그분들은 이 문제를 굉장히 큰일로 여기지만 저로서는 이해할 수 없어요."

2. 바라는 것이 다를 때 경청하고 표현에 주의해야 한다

인척의 생각과 감정과 바라는 것이 당신과 다를 수 있다. 그렇다면 인척과 긍정적인 관계를 유지하려면 어떻게 해야 할까? 첫 번째 방법은 공감하는 마음으로 경청하는 법을 배우는 것이다.

본성적으로 우리 중 대부분은 경청을 잘한다. 종종 우리는 경청을 통해 반박의 빌미를 찾아내기도 하고, 불필요한 논쟁에 빠져들기도 한다. 하지만 공감하는 마음으로 하는 경청은 상대방의 말을 확실히 이해할 때까지 판단을 보류한다. 그리고 다음과 같이 확인하는 질문을 한다.

"저는 ~라는 말로 이해했는데 그게 맞나요?"

"당신이 제게 ~할 것을 부탁한 것 같은데 당신이 원하는 게 그것인가요?"

일단 상대방의 말뜻을 분명히 이해할 정도로 충분히 경청했다면 이제 당신의 입장을 자유롭게 밝힐 수 있다. 당신이 상대방을 정죄하지 않고 경청했기 때문에 그도 당신의 솔직한 견해에 귀 기울일 가능성이 한결 많다.

공감하는 마음으로 경청한다고 해서 상대방의 생각에 늘 동의해야 하는 것은 아니다. 다만 상대방과 그 생각을 존중하는 마음으로 대해야 한다. 상대방의 생각을 존중하고 그에게 친절하게 말한다면 상대방도 그렇게 할 가능성이 많다. 공감하는 마음으로 경청할 때 서로에 대한 이해와 존중심이 늘어간다.

두 번째 방법은 대화할 때 표현에 주의하는 것이다. "'당신이' 그런 말을 해서 제 기분이 상했어요." 대신에 "'제가' 당신 말을 들었을 때 기분이 상했어요."라고 표현하는 게 더 낫다.

'내가'로 시작하는 말은 당신의 입장을 얘기하는 반면, '당신이'로 시작하는 말은 상대방을 비난하는 어투이다. 이 경우 상대방은 방어적인 반응을 보이기 쉽다.

다음과 같이 말하는 남편은 진지한 대화의 문을 열 가능성이 많다.

"여보, 난 킴블리의 말을 듣고 기분이 몹시 상했어요. 그녀는 당신이 말할 때마다 내 음주 문제와 말하는 방식에 대해 얘기를 한다고 하더군요. 당신 생각에는 우리가 어떻게 했으면 좋겠소?"

3. 차이점을 협상하는 법을 배워야 한다

인척과 좋은 관계를 맺는 세 번째 방법은 차이점을 협상하는 법을 배우는 것이다. 협상은 누군가의 제안으로 시작된다. 제레미가 자신의 처부모에게 다음과 같이 말한 것이 바로 제안이다.

"장인어른, 장모님, 저희와 크리스마스를 함께 보내고 싶어하시는데 저희 부모님도 같은 마음이세요. 여기서 저희 부모님 댁이 800km나 떨어져 있기 때문에 저희는 같은 날 두 곳 다 방문할 수가 없습니다. 그래서 추수감사절과 크리스마스에 두 곳을 번갈아 가며 방문하면 어떨까 하고 생각 중입니다. 올해 크리스마스에는 이곳에서 보내고, 추수감사절에는 저희 부모님과 지내면 좋을 것 같아요. 그리고 내년에는 올해와 반대로 했으면 합니다. 양 가족 모두를 만족시킬 수 있는 방법을 찾고 싶어요."

이제 처부모가 그 제안을 받아들이든지, 수정하든지, 다른 제안을 내든지 할 수 있다. 협상이 진전되게 하는 것은 서로에 대한 존중과 경청이다. 결국 모두가 동의할 수 있는 결론에 도달할 수 있게 되며, 인척 관계는 강화된다.

명절, 전통, 기대, 행동 방식, 그리고 종교와 관련된 차이점들은 모두 협상을 요한다. 성경은 "형제가 연합하여 동거함"시 133:1이 참으로 선하고 아름답다고 노래한다.

4. 부탁할 때 협상이 쉬워진다

네 번째 방법은 상대방에게 요구하는 것이 아니라 부탁하는 것이다. 부탁할 때 협상이 쉬워진다. 팀은 부모님에게 이렇게 말했다.

"두 분이 저희 집에 오셔서 저희는 정말 즐거웠어요. 언제든 두 분과 함께하는 시간을 갖고 싶어요. 다만 부탁드릴 게 하나 있습니다. 오시기 전에 미리 전화를 해주시면 좋겠어요. 지난 주 목요일 밤에 두 분이 왔다 가신 후 저는 다음날 회사에 제출할 보고서를 작성하느라 밤늦게까지 고생했어요. 저희로서는 두 분이 금요일 밤에 오셨더라면 훨씬 더 좋았을 겁니다. 제 부탁을 들어주실 수 있겠어요?"

이것은 제안과 부탁이었다. 팀의 부모는 그의 부탁에 동의하거나, 거부하거나, 절충안을 제시할 수 있다. 어쨌든 요구가 아닌 부탁을 통해 팀은 긍정적인 관계를 잘 유지했다.

5. 상대방의 사랑의 언어를 배워야 한다

긍정적인 인척 관계를 유지하는 마지막 방법은 상대방의 주된 사랑의 언어를 배우고 그 언어를 자주 사용하는 것이다. 당신의 인척이 진정으로 사랑 받고 있음을 느낄 때 서로의 차이점을 협상할 수 있는 긍정적인 분위기가 조성된다. 적절한 사랑의 언어로 말하는 것보다 더 깊이 사랑을 전해 주는 것은 없다.

인척의 사랑의 언어를 모른다면 『5가지 사랑의 언어』라는 내 책을 그들에게 선물해 줄 수도 있다. 그들이 그 책을 읽고 그 개념을 이해하면 자신의 주된 사랑의 언어에 대해 의논하고 싶을지도 모른다. 그리고 당신의 사랑의 언어를 그들에게 얘기해 줄 수도 있다. 가족원 간에 사랑의 교류가 효과적으로 이루어질 때 긍정적인 인척 관계가 조성될 수 있다.

캐롤린이나 나는 가족 문제로 큰 상처를 입은 적이 없다. 결혼 후 처음 2년 동안 우리는 양가로부터 무려 3,000km 이상 떨어진 곳에서 살았다. 1년 중 그들을 방문하는 날은 크리스마스뿐이었고, 양가는 같은 시내에 살았다. 우리 가족은 크리스마스 이브에 모였고, 아내의 가족은 크리스마스에 모여서 우리의 인척 관계에는 별 문제가 없었다.

캐롤린의 아버지는 우리가 결혼하기 전에 작고하셨다. 내가 대학원을 마치고 우리 가족과 더 가까운 곳으로 이사했을 때 캐롤린의 어머니는 나를 적극 지지해 주셨다. 장모의 사랑의 언어는 '봉사'였다. 내가 장모의 집에 페인트를 칠해 드린 후에는 무슨 일을 해도 좋은 사위로 인정받았다.

우리 부모님은 남을 돕는 것을 좋아하고, 긍정적이며 겸손하셨다. 사실 나는 인척과의 갈등에 대처할 준비가 되어 있지 않았다. 캐롤린과 내가 그 문제를 의논한 적도 전혀 없었다. 내가 얼마나 어설펐는지를 지금에서야 깨닫는다. 나의 상담실을 찾아오는 수많은 커플들을 보고 우리 부부가 예외적임을 알게 되었다. 좋은 인척 관계를 위해서는 대개 시간과 노력이 필요하다.

나는 본장이 확대 가족과의 갈등을 처리하는 데 도움이 되기를 바란다. 결혼 전에 이런 준비를 더 철저히 할수록 결혼 후에 허를 찔릴 일이 더 줄어들 것이다.

THINGS I WISH I'D KNOWN BEFORE WE GOT MARRIED

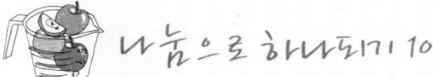 나눔으로 하나되기 10

1. 가족이 크리스마스와 다른 중요한 명절을 어떻게 기념하는지에 대해 대화하라. 그리고 갈등이 일어날 수 있는 영역을 찾아보라.

2. 양가에서 중시하는 전통은 각각 무엇인가?

3. 결혼 후 인척들이 당신에게서 기대할 만한 것들을 예측해 보라. 만일 결혼한 형제자매나 친구들이 있다면 그들에게 물어볼 수도 있다.

4. 누구나 그렇듯이 인척들도 특정한 행동 방식을 지니고 있다. 운동을 하는 것같이 긍정적인 모습이 있는가 하면, 밤에 술을 퍼마시는 것같이 부정적인 모습도 있다. 당신의 부모에게서 볼 수 있는 행동 방식은 어떤 것인가? 당신을 난처하게 할 수 있는 행동 방식에 대해 얘기를 나눠 보라.

5. 당신의 부모가 강력히 붙드는 종교적 신념은 무엇인가? 이것에 대해 얘기를 나누고, 당신의 마음이 불편해질 만한 영역에 대해 대화하라.

6. 부모가 당신의 생각과는 다른 의견을 제시할 때 당신은 판단을 보류하고 공감하는 태도로 경청하는가? 경청을 잘했던 경우와 그러지 못했던 경우를 서로 얘기해 보라.

7. 보통의 대화에서 차분하게 자신의 의견을 밝히는 법을 충분히 배웠는가? 부부간에 이견을 보일 때 '나' 대신에 '당신'이라는 말로 말을 시작하지는 않는가? 이 점을 서로 의논하고 차분히 자신의 의견을 얘기하는 방식을 배우도록 노력하라.

8. 둘이서 이견을 보일 때에는 협상이 요구된다. 그러자면 한쪽이 제안하고 반대 제안을 경청하며, 둘 다 동의할 수 있는 해결책을 모색할 필요가 있다. 이전에는 어떻게 했는가?

9. 협상을 잘하려면 '요구'보다는 '부탁'하는 자세가 필요하다. 당신의 부탁이 상대방에게 요구로 들렸을 때를 생각해 보라. 어떻게 말해야 자신의 바람이 부탁으로 들릴 수 있는지 서로 물어보라.

10. 당신은 부모님의 주된 사랑의 언어를 알고 있는가? 인척의 사랑의 언어를 알고 있는가? 만일 안다면 그들의 사랑의 언어를 얼마나 잘 사용하는가? 모른다면 알기 위해 어떻게 노력하겠는가?

11.
그리스도인이라도
믿음의 색깔은 다르다

　　결혼한 지 9개월 후 질과 매트가 내 사무실로 찾아왔다. "저희에게 문제가 생겼어요. 어떻게 해결해야 좋을지 모르겠어요." 하고 질이 말했다. "무슨 문제죠?" 하고 내가 물었다.

　　"매트가 더 이상 교회에 나가지 않으려고 해요. 그는 교회가 지겹다고 해요. 교회에 있을 때보다는 골프 코스를 돌 때 하나님께 더 가까워지는 걸 느낀답니다. 그래서 지난 달에는 그는 골프장으로 가고 저만 교회에 나갔어요. 이런 일이 일어날 거라고는 생각도 못했어요. 결혼하기 전에는 매트가 주일마다 저랑 교회에 갔습니다. 교회 가는 걸 좋아하는 것 같았어요. 설교 내용을 함께 토론하기도 했죠. 그는 자신이 그리스도인이라고 말했지만, 그리스도인이 교회에 가고 싶지 않다는 게 말이 되나요? 그는 제가 그를 판단하고 있다고 말해요. 사실 그럴 수도 있어요. 하지만 저는 깊은 상처를 받았답니다. 어쩌면 저희가 잘못 결혼한 게 아닐까라는 생각이 들어요."

질에게는 교회 출석 여부가 중요한 문제인 것 같았다. 하지만 영성에 대한 매트의 관점은 전혀 달랐다. 그는 어렸을 때 교회에 출석하지 않았다. 대학 시절에 기독교 동아리에 가입하면서 몇 달 동안 그 모임에 참석하고, 성경과 기독교 서적들을 읽은 후에 자신을 그리스도인으로 여기게 되었다.

질과 데이트하는 동안에는 주일마다 그녀와 함께 교회에 참석했다. 교회에 다니는 것이 재미있었다. 그러나 대학을 졸업하고 풀타임 직장에 다니면서 교회에서 듣는 설교 내용이 매번 비슷하며 별로 유익하지도 않다고 생각했다. 교회 출석 여부가 질에게 왜 그렇게 큰 문제인지 이해할 수 없었다.

반면에 질은 곤혹스러웠다. 다른 그리스도인과 함께 교회에 출석하는 것은 그녀의 신조 중 하나였다. 신실한 그리스도인이 교회에 가지 않는다는 것은 상상할 수 없는 일이었다.

"저희에게 자녀가 생기면 어떻게 해야 하죠? 저희 자녀가 교회에 다니지 않는다면 저는 견딜 수 없을 거예요."

"맙소사! 아이들 걱정은 그때 가서 할 것이지." 하고 매트가 말했다.

"난 당신이 하나님의 이름을 망령되이 일컬었다는 사실을 믿을 수가 없어요. 당신은 십계명 중 하나를 어겼어요. 정말 믿고 싶지 않은 사실이에요." 하고 질은 울면서 말했다.

매트와 질은 여러 해 동안 내 사무실로 찾아온 커플 중 하나였다. 종종 그들은 종교적인 신념에 따른 갈등에 대해 얘기했다. 하지만 데이트 중인 커플들은 영성에 대해 거의 논의하지 않는다. 사실 그런 논의를 아예 하지 않는 커플들도 많다. 상담가로서 나는 이 점이 매우 실망스럽다.

나는 대학교와 대학원에서 인류학을 전공했기 때문에 인류학자의 문화적 발견들에 마음이 끌리는 경우가 종종 있다. 그 발견 중 하나는 '모든 사람이 종교적이다'라는 것이다. 영적 세계에 관한 신념 체계를 계발하지 않은 문화는 하나도 없다. 로마의 신화로부터 토착 원주민들에게서 발견되는 악령에 대한 신념에 이르기까지 사람은 눈으로 볼 수 있는 것 이상의 세계가 있다고 믿는다.

인류학자들의 두 번째 발견은 '종교적 신념이 그것을 믿는 사람의 행동에 큰 영향을 미친다'는 것이다. 이것은 소위 원시 종교에서나 유대교, 기독교, 불교, 힌두교, 이슬람교와 같은 보다 발전된 종교에서나 공통적인 사실이다. 영적 견해는 삶의 방식에 큰 영향을 미친다.

따라서 커플이 결혼을 고려할 때에는 종교를 논의 사항의 우선 순위로 둘 필요가 있다. "우리의 영적 신념이 서로 조화를 이루는가? 둘의 걸음이 서로 맞는가?" 하고 물어보아야 한다. 다른 무엇보다 부부간의 갈등을 일으킬 가능성이 많은 것 중 하나가 바로 영적인 견해 차이기 때문이다. 대부분의 종교들이 같은 종교를 믿는 사람들끼리 결혼할 것을 권하는 것도 바로 이 때문이다.

성경은 이렇게 권한다. "너희는 믿지 않는 자와 멍에를 함께 메지 말라 의와 불법이 어찌 함께하며 빛과 어두움이 어찌 사귀며 그리스도와 벨리알이 어찌 조화되며 믿는 자와 믿지 않는 자가 어찌 상관하며 하나님의 성전과 우상이 어찌 일치가 되리요" 고후 6:14-16.

이것은 설득력 있는 물음이다. 현명한 커플은 이 물음을 외면하지 않을 것이다.

당신은 하나님에 대해 어떻게 생각하는가?

그러면 어떤 주제들을 살펴볼 필요가 있을까? 우선 '하나님에 관한 개념'이다. 성경은 "태초에 하나님이 천지를 창조하시니라"창 1:1는 말씀으로 시작한다. 조금 지나면 "하나님이 자기 형상 곧 하나님의 형상대로 사람을 창조하시되 남자와 여자를 창조하시고"창 1:27라는 내용이 나온다.

이 내용을 문자적으로 받아들여야 할까? 우주를 창조하셨을 뿐만 아니라 자신의 형상대로 사람을 지으신 초월적이며 능력 있는 창조주가 계실까? 아니면 이것을 단지 히브리 신화로만 받아들여야 할까?

이 물음에 대한 대답은 자아 인식에 그리고 어떻게 살 것인지에 깊은 영향을 미칠 것이다. 만일 당신이 우주의 창조주요 보존자이신 하나님의 존재를 믿는다면, 그 다음 물음은 "하나님이 실제로 말씀하셨을까?"이다.

성경은 이렇게 단언한다. "옛적에 선지자들을 통하여 여러 부분과 여러 모양으로 우리 조상들에게 말씀하신 하나님이 이 모든 날 마지막에는 아들을 통하여 우리에게 말씀하셨으니 이 아들을 만유의 상속자로 세우시고 또 그로 말미암아 모든 세계를 지으셨느니라 이는 하나님의 영광의 광채시오 그 본체의 형상이시라 그의 능력의 말씀으로 만물을 붙드시며 죄를 정결하게 하는 일을 하시고 높은 곳에 계신 지극히 크신 이의 우편에 앉으셨느니라"히 1:1-3.

따라서 그리스도인은 다음 사실을 믿는다.

"하나님이 구약성경에 나오는 고대 히브리 선지자들을 통해 말씀하셨고, 예수 그리스도께서 예언된 메시아요 하나님의 아들로서 사람들의 죗값을 대신 지불하셨다. 그래서 하나님은 사람들의 죄를 용서하면서도 여전히 의로운 하나님이시다."

그리스도를 메시아로 영접하고 하나님의 용서를 받아 그분과의 사랑의 관계 속에 들어가도록 그리스도인들이 초청하는 것도 바로 그 때문이다.

다음 물음들에 대한 대답이 당신의 영적 상태를 밝혀 줄 것이다. 우주를 창조하고 자신의 형상대로 인간을 지으신 하나님이 계실까? 그 하나님이 말씀하셨을까? 만일 그렇다면 어떻게 말씀하셨을까? 그분이 무슨 말씀을 하셨고, 나는 그 메시지에 어떤 반응을 보였는가? 이들은 솔직한 대답을 요하는 기본적인 물음들이다.

자신의 영적 신념 체계를 확립하지 않은 상태로 성인이 되는 사람들이 많다. 그들은 자신을 불교도나 힌두교도 또는 그리스도인으로 지칭하지만, 단지 그런 종교를 가진 가정에서 자랐기 때문에 그렇게 말한다. 개인적으로 자신의 종교에 관한 기본적인 신념을 확립하지 못한 것이다.

우리가 태어날 때 특정 종교를 믿는 가정을 선택할 수는 없다. 그러나 성인이 되면 삶의 모든 영역에서 진리를 추구할 책임이 있다. 당신의 종교가 단순한 문화 유산이라면, 그 종교적 유산의 신념 체계와 유래를 검토하고 데이트 상대와 토론할 필요가 있다. 자신의 종교적 신념을 결혼 전에 솔직하게 드러내지 못한다면, 결혼 후에도 마찬가지일 것이다. 그리고 그 신념이 다툼의 원인으로 작용하기 쉽다.

분파에 대한 논의

미국인의 약 80퍼센트가 자신을 그리스도인이라고 지칭한다. 따라서 결혼을 앞둔 커플들은 기독교의 다양한 분파들을 파악하고 알아둘 필요가 있다.

기독교의 3대 분파는 동방정교회, 로마가톨릭, 그리고 프로테스탄트이다. 이들 세 분파는 그리스도의 신성, 대속 죽으심, 부활과 같은 핵심 신조들에 대해 같은 입장이다. 그러나 서로 의견 차이를 보이는 신조들도 많다. 만일 당신이 다른 기독교 전통을 지닌 사람과의 결혼을 고려하고 있다면, 둘의 전통을 비교하고 서로의 차이점을 극복할 방안을 모색해야 한다. 단지 사랑에 빠졌다고 해서 이 같은 영적 차이를 무시하고 결혼하는 것은 미성숙한 태도이다.

둘의 기독교 전통이 동일하다면, 둘의 신앙 양식 중에서 더 나은 것을 찾아낼 필요가 있다. 동방정교회 내에도 그리스정교회, 러시아정교회, 미국정교회 등이 있다. 이들 모두는 나라마다 그 신념 체계와 관행의 차이를 보인다. 예를 들어, 최근에 미국에서는 로마가톨릭 내에서 은사운동이 강하게 일어났다. 프로테스탄트 내에는 많은 교파들이 있다. 루터교, 장로교, 침례교, 감리교 등이 대표적이다. 자신을 초교파라고 지칭하는 교회들도 있다. 이들 여러 프로테스탄트 그룹 내에서도 신념 체계와 관행에 있어 많은 다양성을 드러낸다. 당신이 결혼을 고려하고 있다면 이런 차이점들을 충분히 검토할 필요가 있다.

어떤 부류의 그리스도인인가?

지금까지는 신념 체계나 관행의 신학적 차이에 대해 얘기했다. 이제 개인적인 생활의 면을 살펴보자.

그리스도인의 신앙생활 양식은 다양하다. 예를 들면, 자신을 그리스도인으로 지칭하는 사람들 중에는 부활절과 크리스마스에만 교회에 나가는 사람들이 있다. 그런가 하면 많은 그리스도인들은 정기적으로 교회에 나간다. 어떤 이들은 매주 한 번 1-3시간 동안 예배에만 참석한다. 예배만이 아니라 소그룹 성경공부 모임에도 참석하여 성경의 가르침을 자신의 삶에 적용하려고 애쓰는 이들도 있다. 이들은 같은 그룹 원들과 깊고 친밀한 교제를 나누며, 서로를 위해 기꺼이 헌신하고 봉사하고, 서로에 대해 솔직해지려고 노력한다. 이들 중에는 매일 경건 시간을 통해 하나님의 말씀을 읽고, 하나님을 찬양하고 감사하며, 그분의 도우심을 구하기도 한다. 그들은 기독교를 그리스도와의 개인적인 사랑 관계로 본다. 이 경건의 시간이 하루의 가장 중요한 일과이다.

따라서 데이트 상대가 어떤 부류의 그리스도인인지를 파악하는 것은 너무나 중요하다.

그들의 헌신 수준은 어떠한가? 그들은 교회 공동체 활동에 얼마나 적극적인가? 그들에게 있어 신앙은 어느 정도나 중요한가? 그들의 삶에 신앙이 미치는 영향은 어느 정도인가?

부활절, 크리스마스에만 참석하는 그리스도인과 매일 경건의 시간을 갖는 그리스도인 간에는 차이가 많다.

한 젊은 여성이 이렇게 말했다.

"저는 앤드류와 3년 동안 사귀고 있어요. 데이트를 처음 시작했을 때 그는 자신이 그리스도인이라고 말했어요. 저희는 공통 관심사가 많았고, 멋진 시간을 함께 보냈죠. 하지만 영성에 대해서는 서로 손발이 맞지 않는다는 걸 알게 되었어요. 그에게는 기독교가 종교일 뿐이에요. 주일에 교회에 나가지만 삶에 성경 말씀을 적용하려 하지는 않아요. 저에게는 기독교가 곧 삶입니다. 그리스도를 섬기는 일에 제 삶을 투자하는 것보다 더 중요한 일은 아무것도 없어요. 기독교적인 결혼생활을 함께 세워 나갈 영적 기초가 없다는 걸 깨달았어요. 그래서 그와의 관계를 정리할 생각입니다."

나는 이 여성이 영적으로 매우 성숙하다고 생각한다. 하나님과의 관계 면에서 3년 동안 영적 진전을 보이지 않은 사람이 결혼 후에 변할 것이라고 보기는 힘들다. 그로부터 3년 후 그녀는 신앙 수준이 비슷한 남자와 결혼했고, 둘은 진정으로 기독교적인 결혼생활을 건실하게 세워 나가고 있다.

데이트 중인 커플들은 서로의 영성을 점검하는 경우가 드물다. 그런 문제는 결혼 후에 고려하면 된다고 생각한다. 영성 문제를 논의하는 커플들도 종종 경고 신호를 무시한다. 그들은 서로 사랑에 빠져 있고, 함께하는 시간을 즐기며, 서로를 행복하게 하는 일에만 관심이 있다. 그래서 영성 면에서 심각한 차이가 드러나도 묵인하고 만다.

본장 서두에 소개된 질과 매트는 마침내 이 문제를 극복했다. 여러 번의 상담 과정에서 나는 서로의 말에 귀 기울이도록 그들을 도왔다. 이 문제가 얼마나 중요한지 이해하도록 도왔다. 결국 그들은 서로의 관심사를 인정할 수 있었다. 일단 그들이 적대적인 태도로 언쟁하기보다는 이해하려고 노력하자 문제 해결이 한결 쉬워졌다.

매트는 일요일 아침에 골프를 포기하고 질과 함께 교회에 나가기로 했다. 질은 매트의 마음을 끄는 교회를 함께 찾아보기로 했다. 그들은 그런 교회를 찾았고, 예배에 참석할 뿐만 아니라 매주 5학년 아이들을 가르치는 일도 맡았다. 이제 그들에게는 세 살짜리 아들이 있다. 아들이 태어나기 전에 영적인 차이점을 해결하기를 잘했다고 그들은 생각하고 있다.

종교적인 신념은 종종 강렬한 감정과 깊은 확신을 동반한다. 심지어 무신론자들 중에도 자신의 신념을 완강하게 고수하는 이들이 더러 있다. 그 신념은 자신의 삶에 큰 영향을 미친다. 그런 면에서 그들은 비록 하나님의 존재를 부인하지만 매우 종교적이다.

이처럼 종교적 신념이 삶 전체에 영향을 미치기 때문에 결혼하기 전에 영적인 화합의 기초를 점검하는 것은 매우 중요한 일이다. 본장이 그런 면에서 도움이 되기를 바란다.

THINGS I WISH I'D KNOWN BEFORE WE GOT MARRIED

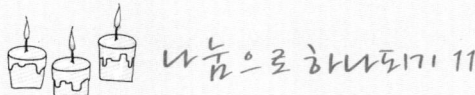 나눔으로 하나되기 11

1. 당신의 부모님의 기본적인 종교적 신념은 무엇인가?

2. 당신의 영적 여정에서 당신은 어디쯤 와 있는가? 어렸을 때 배운 종교적인 신념들을 받아들이거나, 거부하거나, 수정했는가?

3. 하나님에 관한 당신의 기본적인 신념들은 무엇인가?

4. 당신은 어떤 종교 단체에, 얼마나 활동적으로 참여하고 있는가?

5. 당신의 종교적 신념이 매일의 삶에 얼마나 영향을 미치는가?

6. 결혼생활에서 영적 교제를 나누기에 충분할 정도로 서로 공통적인 면을 지녔다고 생각하는가?

12.
성격 차이,
그리 만만한 것이 아니다

우리 모두가 독특한 존재라는 사실에 대해서는 아무도 의문을 제기하지 않을 것이다. 문제는 "얼마나 독특한가?"이다. 나는 성격이 우리를 독특하게 만드는 특성이 우리의 결혼생활에 큰 영향을 미친다는 것을 전에 알았더라면 좋았을 거라고 생각한다.

결혼 전 나는 매일 아침에 일어나서 아내와 함께 식사하면 얼마나 좋을까 하고 생각했다. 하지만 결혼 후에 나는 캐롤린이 아침 식사를 하지 않는 것을 알게 되었다. 데이트 시절을 되돌아보니 "아침에는 전화하지 마세요. 정오 전에는 내가 한 말이나 행동에 책임 못 져요."라고 했던 그녀의 말이 기억났다. 나는 그 말을 농담으로 여기고 웃어넘겼다. 내가 아침에 그녀에게 전화하지 않은 것은 내 일이 바빠서였다. 결혼 후에 나는 그 말이 진심이었음을 발견했다. 아내와 함께 조용하고 로맨틱한 아침 식사를 하는 꿈은 결혼 첫 달에 깨졌다. 나는 창 밖의 새소리를 들으며 홀로 조용히 아침을 먹었다.

반면에 결혼 전 캐롤린은 밤 10시 이후에 둘이서 무엇을 할지 구상하고 있었다. 책을 읽고 토론하거나, 함께 영화를 보거나, 머리를 쓰는 게임을 하거나, 삶의 깊은 주제들을 토론하는 것 따위를 구상했다. 하지만 밤 10시쯤이면 나의 신체적, 감정적, 지적인 모터가 작동을 멈춘다는 사실을 그녀는 몰랐다. 그 시간이 지나면 나는 지적인 대화를 나누고 싶은 마음이 사라진다.

데이트하는 동안에는 내가 밤늦게까지 그녀와 함께 시간을 보냈던 것이 사실이다. 하지만 그때에는 콩깍지에 씌어 있어서 그게 가능했다. 캐롤린과 함께하면 흥분되어 아드레날린이 계속 분비되었다. 결혼 후에는 그렇게 되지 않을 것이라는 사실을 그녀는 몰랐다.

우리가 결혼 전에는 '아침형 인간'과 '야행성 인간'이 있음을 둘 다 몰랐다. 아침형 인간은 열정과 기쁨으로 아침을 맞이한다. 반면에 야행성 인간은 아침에 이불 속을 파고들며 아침형 인간에 대해 이렇게 생각한다. '저 사람은 연극하고 있는 게 분명해. 아침에 즐겁게 일어나는 사람은 아무도 없어.' 야행성 인간의 황금 시간대는 밤 10시 이후이다. 그 시간에 독서, 그림, 게임, 많은 에너지를 요하는 일들을 한다. 반면에 아침형 인간은 밤 10시가 지나면 정신이 몽롱해진다.

이런 차이는 부부의 성관계에도 큰 영향을 미칠 수 있다. 아침형 인간은 밤 10시에 잠자리에 들어 꼭 껴안고 사랑을 나누기를 원한다. 반면에 야행성 인간은 "당신 농담하는 거지? 이렇게 일찍 잘 수는 없어."라고 말한다. 이 경우에 아침형 인간은 거부당하는 느낌을 받고, 야행성 인간은 간섭받는 기분을 느낀다. 그래서 말다툼과 실망으로 이어지기도 한다. 이런 부부에게 소망이 있을까?

서로의 차이점을 존중하고 해결책을 모색하려 한다면 분명 소망이 있다. 예를 들어, 야행성 인간은 10시에 성관계를 가진 후에 밤늦게까지 다른 일을 할 수 있다. 만일 아침형 인간이 성관계를 가진 후에 야행성인 상대방에게 계속 침대에 누워 있도록 요구한다면 상대방은 간섭과 통제를 당하는 기분을 느낄 수 있다. 아침형 인간은 결코 야행성 인간이 되지 않을 것이다. 야행성 인간도 결코 아침형 인간이 되지 않을 것이다. 상대방의 황금 시간대를 배려하는 노력이 필요하다.

내가 아침형이고 캐롤린이 야행성이라는 것을 데이트 시기에 알고 의논했더라면, 서로 감정 상하는 일이 그토록 많지는 않았을 것이다.

아내가 나와 함께 아침을 먹지 않아도 내가 무시당한다고 느끼지 않았을 것이다. 그리고 밤 10시에 잠자리에 들어야 한다는 나의 주장을 듣고 그녀가 통제당한다는 기분을 느끼지도 않았을 것이다.

낙관론자와 비관론자

결혼 전에 종종 간과되는 또 다른 성격 차이들이 있다. 비관론자와 낙관론자는 종종 서로에게 끌린다. 유리 컵에 물이 절반쯤 담긴 것을 보고 낙관론자는 반쯤 찼다고 생각한다. 비관론자는 반쯤 비었다고 본다. 낙관론자는 가능성을 보는 반면 비관론자는 문제를 본다. 우리는 각자 기본적으로 한쪽으로 치우치지만 그것을 깨닫지 못하는 경우가 종종 있다.

데이트 시기에 우리는 세상을 바라보는 상대방의 시각이 자신의 것과 같을 것이라고 생각한다. 서로에게 반한 상태이고 서로 상대방에게 맞추려 하기 때문에 이 같은 차이점이 잘 드러나지 않을 수 있다.

예를 들어, 낙관론자는 모든 것이 좋아질 거라고 확신하기 때문에 위험을 무릅쓰려는 경향이 있다. 그래서 그는 둘이 번지점프를 하러 가자고 제안할 수 있다. 비관론자는 최악의 상황이 일어날 수 있다고 생각하기 때문에 위험을 무릅쓰려 하지 않는다. 따라서 번지점프를 할 생각이 전혀 없다. 하지만 사랑하는 사람을 존중하고 신뢰하기 때문에 혼자서는 결코 하지 않을 일을 기꺼이 하려고 한다. 낙관론자는 기꺼이 모험에 뛰어드는 사람과의 데이트에 스릴을 느낀다. 그러나 상대방이 정서적인 안전지대를 넘어섰다는 사실을 전혀 알아채지 못한다.

결혼한 지 2년 후에 남편이 부부 암벽등반을 제안할 때 아내는 강하게 거부한다. 그녀는 자신이 원하지 않을 뿐만 아니라, 남편 혼자서 또는 친구들이랑 가는 것도 반대한다. 그녀는 과부가 될지도 모른다고 생각하며 그런 모험을 하려 드는 남편을 이해할 수가 없다. 반면에 남편은 아내의 반응에 크게 낙심한다. 아내의 모험심이 어디로 가버렸나 하고 생각하며, 왜 흥을 깨는 걸까 하고 의아하게 여긴다.

결혼 전에 이 같은 성격 차이를 발견하거나 논의하지 못했기 때문에 그들은 피차 이해할 수 없는 갈등에 직면한다. 사실 그들은 변한 게 없다. 한 사람은 낙관론자이고 또 한 명은 비관론자일 뿐이다. 문제는 결혼 전에 둘 다 상대방을 제대로 몰랐다는 데 있다. 데이트에 도취하여 이 같은 성격 차이를 보지 못한 것이다.

이 차이점을 결혼 전에 논의했더라면 남편은 아내가 결코 암벽등반이나 스카이다이빙을 하지 않을 것임을 파악했을 것이다. 그리고 그런 일을 하면 아내의 강한 반발에 부딪힐 것이라고 생각했을 것이다.

이런 성격 차이는 돈 관리 면에서도 다툼을 일으키기 쉽다. 낙관론자는 모험에 과감히 투자하는 경향이 있는 반면, 비관론자는 보다 안정적인 거래에 투자하기를 원한다. 만일 배우자가 위험성이 큰 투자에 뛰어들면 비관론자는 불면의 밤을 지새울 것이다. 그리고 그 투자의 결과가 좋지 않을 경우에 비관론자는 상대방의 모험이 무모했다며 비난하고, 낙관론자는 자신의 발목을 잡는다며 상대방을 비난할 것이다.

이 성격 차이를 극복하기 위한 답은 '서로의 차이를 이해하고 받아들이며 서로를 비난하지 않는 것'이다. 그들은 서로의 성격을 존중하는 법을 배워야 한다. 그러기 위한 방법을 하나 소개하면 이렇다. 먼저 소액을 안전한 곳에 투자한다. 그런 후에 다시 소액을 위험 요소가 큰 곳에 투자한다. 물론 투자한 돈을 잃으면 모험을 즐기는 남편이 비난받을 것임을 미리 약속한다. 반면에 투자가 성공적일 경우에는 아내가 남편의 투자 기술을 인정하고 칭찬한다.

데이트 중인 커플이 결혼 전에 이런 식으로 협상하면 돈 관리와 관련하여 불필요한 말다툼을 많이 줄일 수 있을 것이다. 다른 많은 분야에서도 똑같은 원칙이 적용될 수 있다. 건강한 결혼생활을 위해서는 서로의 성격 차이에 대한 이해와 용납과 협상이 필수적이다.

깔끔한 사람과 지저분한 사람

깔끔한 사람과 지저분한 사람이 있다.

"벤처럼 지저분한 사람을 본 적이 없어요."라고 앨리셔가 말했다. 결혼 후 1년 내에 자신의 남편에 대해 이렇게 말하는 아내들이 너무나 많다. 흥미롭게도 결혼 전 앨리셔는 이 문제로 고민하지 않았다. 아마 앨리셔는 결혼 전에 벤의 차가 더럽거나 그의 아파트가 깔끔하지 않은 것을 가끔 보았을 것이다. 하지만 그럴 때마다 '벤은 나보다 느긋한 사람이야. 난 그게 좋아. 나도 좀 느슨해질 필요가 있어.'라고 생각했다.

반면에 벤은 앨리셔가 마치 천사처럼 보였다.

"언제나 깔끔한 앨리셔의 모습이 너무 좋아. 앨리셔가 있으니 앞으로 깨끗하게 정리하는 것에 대해서는 걱정할 필요가 없을 거야."

그러나 3년이 지난 지금, 그는 호된 잔소리를 듣고 "그릇 몇 개를 안 치웠다고 왜 그토록 화를 내는지 난 이해할 수 없어요." 하며 푸념하고 있다.

어떤 사람들은 "모든 물건은 제자리에!"를 모토로 삼는다. 그런가 하면 공구나 옷이나 마시고 난 커피잔 따위를 꼭 치워야겠다는 마음이 들지 않는 사람들도 있다. 한두 주 후면 다시 사용할지도 모른다는 생각에서이다. 그들은 이렇게 말한다.

"왜 매일 옷을 정리하느라고 시간을 허비해야 하는 거죠? 세탁하기 전까지 그대로 둬도 난 아무렇지 않아요."

그렇다. 우리는 서로 성격이 다르다. 상대방의 관점이 다른 이유를 이해하기 힘들다. 하지만 이 성격 차이를 발견하는 것은 어려운 일이 아니다. 데이트 중에 현실을 직시하기만 하면 된다.

그의 차와 아파트를 보라. 그러면 그가 깔끔한 사람인지 지저분한 사람인지를 알 수 있다. 그녀의 주방과 벽장을 들여다보라. 그러면 그녀의 성격 유형을 알게 될 것이다. 만일 둘 다 같은 유형이라면 당신의 집이 몹시 깔끔하든지 아니면 난장판일 것이다. 어쨌든 둘 다 행복할 것이다.

서로의 유형이 다르다면 협상이 필요하다. 현실을 직시하고 결혼 후에 정서적인 안정을 위해 누가 더 노력할 것인지를 의논하라. 만일 남편의 고등학교 시절에 그의 어머니가 그랬던 것처럼 아내가 그의 더러워진 옷을 매일 세탁물 바구니에 기꺼이 넣어 준다면 별 문제가 없을 것이다. 그러나 그녀가 남편에게서 더 책임 있는 태도를 기대한다면, 그는 행동을 바꾸든지 아니면 매일 어머니를 불러야 한다. 분명 협상을 통해 만족스러운 해결책을 마련할 수 있다. 하지만 결혼 전에 협상을 시작해야 한다.

사해형과 시내형

성격 차이의 또 다른 영역은 말과 관련된 것이다. 어떤 사람들은 무엇이든 자유롭게 말한다. 반면에 보다 신중하고 내성적이며 자신의 생각과 감정을 표현하기 싫어하는 이들도 있다. 종종 나는 후자를 '사해형'으로, 전자를 '시내형'으로 지칭한다.

이스라엘의 사해는 요단강으로부터 흘러드는 물을 받아들인다. 그러나 사해의 출로는 없다. 많은 사람들이 그런 성격을 지니고 있다. 그들은 온갖 종류의 생각과 감정과 경험을 받아들일 수 있다. 여러 가지 경험들을 담을 수 있는 큰 저장고를 가지고 있으며, 자신은 이런저런 말을 하지 않아야 행복하다. 만일 당신이 "무슨 일이에요? 오늘밤에 왜 말을 안 해요?"라고 물으면, 그들은 "아무 일도 없어요. 왜 무슨 일이 있다고 생각하죠?"라고 말한다. 사해형은 매우 정직하다.

반면에 시내형은 눈으로 보거나 귀로 들은 것을 무엇이든 입으로 흘려 보낸다. 대개 1분을 넘기지 못한다. 집에 아무도 없으면 그들은 누군가에게 전화를 건다. 그들에게는 저장소가 없으며, 자신이 경험한 것을 누군가에게 말한다.

보통 사해형이 시내형과 결혼하는 것을 볼 수 있다. 결혼 전에는 그 차이점이 매력적으로 보인다. 예를 들면, 데이트 동안에 사해형은 느긋

할 수 있다. "어떻게 대화를 시작할까?" 또는 "어떻게 대화를 이어 나갈까?" 하고 고민할 필요가 없다. 가만히 앉아서 고개를 끄덕이며 맞장구만 쳐주면 된다. 저녁 내내 시내형이 말할 것이다. 반면에 시내형은 사해형이 매력적이라고 생각한다. 경청을 가장 잘하는 사람으로 보이기 때문이다. 하지만 결혼 3년 후 시내형은 "결혼한 지 3년이 지났지만 도대체 그녀를 모르겠어."라고 말할 수 있다. 또한 사해형은 "나는 그를 너무 잘 알아. 이제 말을 그만 했으면 좋겠어."라고 말할 수 있다.

이 차이점은 이야기하는 방식에서도 드러난다. 시내형은 '화가'와도 같다. 자신의 경험을 얘기할 때 아름답고 세부적인 그림을 그린다. 날씨가 흐렸는지, 햇빛이 비쳤는지를 얘기한다. 바람이 어느 방향으로 불었는지, 주위에 어떤 꽃이 피어 있었는지, 또는 주차장 맞은편에 사람들이 몇 명이나 서 있었는지를 얘기한다.

한편 사해형은 '요점'만 언급한다. 같은 경험을 얘기해도 그 내용이 훨씬 더 짧다. 결혼생활에서 이런 유형은 '화가'의 상세하고 긴 설명을 경청하기가 매우 힘들다. 때로는 말을 가로막고 핵심만 말해 달라고 요청한다. 반면에 시내형은 사해형의 말을 들을 때 더 자세한 내용을 알고 싶어서 이것저것을 물어본다.

사해형은 늘 사해형이고, 시내형은 늘 시내형일 것이다. 이 같은 성격 유형은 변하지 않는다. 하나가 다른 하나보다 더 나은 것도 아니다. 이러한 성격 차이를 이해한다면 결혼 후에 상대방을 자신에게 맞추려 하지 않을 것이다.

사해형은 결코 시내형이 되지 않을 것이다. 따라서 사해형과 결혼한 사람은 자신의 생각과 감정을 쉽게 드러내지 않는 사람과 함께 사는 것을 만족스럽게 여겨야 한다. 시내형이 질문할 경우에 대부분의 사해형은 흔쾌히 대답한다. 사해형이 정보를 차단하려 하는 것은 아니다. 다만 자신의 생각과 감정과 경험을 굳이 얘기하고 싶지 않을 뿐이다.

사해형은 시내형의 계속되는 얘기를 흔쾌히 듣는 편이지만, 때로는 침묵의 시간을 원한다. 그들이 가끔 조용히 컴퓨터에 앉는 것도 바로 그 때문이다. 그럴 때 시내형은 이해해야 한다. 그들은 사해형에 의해 거부당한 것이 아니다. 단지 사해형이 차분한 명상의 분위기를 바라고 있을 뿐이다.

이런 성격 차이를 결혼 전에 의논하면 결혼 후에 어려움을 덜 겪게 될 것이다.

수동적인 사람과 능동적인 사람

"어떤 사람은 역사를 읽고, 또 어떤 사람은 역사를 만든다."는 격언이 있다. 종종 이 두 가지 서로 다른 유형의 남녀가 결혼한다. 능동적인 사람들에게는 매일이 새로운 기회이다. 그들은 자신이 원하는 것이나 자신이 옳다고 믿는 것을 진취적으로 추구하고, 자신의 목표를 달성하기 위해 할 수 있는 모든 노력을 기울인다. 반면에 수동적인 사람들은 틈만 나면 생각하고 분석하며 좋은 일이 일어나기를 기다린다. 그들의 모토는 "모든 것은 기다리는 자에게 찾아온다."이다.

결혼 전에는 이런 대조적인 특성이 오히려 조화를 이루는 듯해 보인다. 능동적인 파트너는 상대방의 차분하고 침착한 성격과 안정적이며 예측 가능한 특성을 좋아한다. 수동적인 사람은 미래를 적극적으로 설계하는 상대방의 모습과 적극적인 추진력을 좋아한다.

그러나 결혼 후 종종 부부는 상대방의 대조적인 성격에 어려움을 느낀다. 능동적인 사람은 수동적인 파트너를 행동하게 하려고 노력한다. 그들은 걸핏하면 "일단 해봅시다. 우리는 할 수 있어요."라고 말한다. 반면에 수동적인 사람은 "기다려 봐요. 나중에 더 좋은 기회가 올 수 있어요. 흥분하지 마세요. 모든 것이 잘 될 겁니다."라고 말한다.

데이트 시기에 이런 특성을 파악할 수 있을까? 파악할 수 있다. 하지만 그것에 대해 의논하지 않는 경우가 많다.

수동적인 사람은 능동적인 사람이 하고 싶은 대로 따라가는 경향이 있다. 그들도 모험을 즐기며, 사랑으로 인해 흥분에 사로잡혀 있다. 그리고 능동적인 사람의 생각에 대해 좀처럼 반대 의견을 표하지 않는다. 둘이서 친구의 집에 초대를 받아 그 집에 들어설 때 적극적인 사람은 무슨 일을 도울 것인지 생각한다. 반면에 수동적인 사람은 가만히 있거나 친구랑 대화하며 어떤 순서가 진행될지를 기다린다. 능동적인 사람은 수동적인 사람에게 함께 무엇인가를 하도록 재촉하고, 수동적인 사람은 능동적인 사람과 사랑에 빠져 있으므로 그 과정에 적극적으로 동참한다.

이들 두 가지 성격 자체에 문제가 있는 것은 아니지만, 결혼 후에는 다툼의 원인이 될 수 있다. 사랑에 빠져 고조된 감정이 시들해지면 수동적인 사람은 능동적인 사람의 부탁을 거부할 것이다. 그리고 조종이나 통제를 당한다고 느낄 수 있다. 능동적인 사람은 머뭇거리는 수동적인 태도에 대해 실망하며 심지어 화를 낼 수도 있다.

이러한 두 사람이 행복한 결혼생활을 할 수도 있지만, 그러기 위해서는 능동적인 사람이 수동적인 사람의 성격을 이해하며 배려할 필요가 있다. 일단 수동적인 사람의 관심사를 들을 수 있는 시간을 내야 한다. 수동적인 사람은 능동적인 사람보다 훨씬 더 신중하다. 반면에 그는 너무 늦기 전에 해보자는 능동적인 사람의 의견을 따라야 한다. 당신이 수동적인 그녀와 함께할 수 없다면 그녀를 잡고 이끌어 주라. 경쟁하기보다는 서로를 보완하는 법을 배우면 함께 많은 일을 이룰 수 있다.

결혼 전에 이 성격 차이에 대해 의논하고 함께 협력하는 법을 배운다면, 결혼 후에 이 차이점이 부담으로 작용하기보다는 소중한 자산이 될 수 있다.

논리적인 사람과 직관적인 사람

어떤 사람들은 매우 논리적이다. 그들은 합리적인 단계를 밟아 논리적이라고 여겨지는 결론에 도달한다. 또 어떤 사람들은 특정한 결론이 옳다는 것을 알지만 그 결론에 도달한 이유나 방법을 말하지는 못한다.

이따금 나는 논리적인 사람을 '교수'라고 지칭한다. 교수는 모든 것을 논리적으로 규명하려 한다. "우리가 하는 모든 일에는 논리적인 이유가 있어야 해. 논리적이지 않은 것을 해서는 안 돼."

직관적인 사람은 '댄서'에 가깝다. "모든 일에 논리적인 이성이 필요한 건 아니야. 단지 즐거워서 하는 일도 있어. 난 이유를 댈 수 없어. 내가 항상 이유를 알아야 하나?"

결혼 전에 교수는 댄서의 직관적인 지혜에 감탄한다. 댄서는 교수의

논리를 자랑스럽게 여긴다. 그러나 결혼 후 교수는 비논리적인 행동에 대해 서서히 반감을 보인다. 댄서는 이성에만 매달리는 사람과 어떻게 계속 같이 살 수 있을까 하고 우려한다.

한 남편이 아내에게 말했다. "트리시, 내 말 좀 들어봐요. 벽은 더럽지 않아요. 굳이 다시 칠할 필요가 없어요. 이해 못하겠소?"

아내가 대답했다. "나도 이해해요. 하지만 난 저 초록색이 마음에 안 들어요."

교수는 감성에 기초한 결정을 내리기가 힘들다. 댄서는 논리의 감옥에 갇혀 있는 사람을 이해할 수 없다.

결혼 전에는 이런 성격 차이를 발견하거나 의논하기 힘들다. 데이트 시기에는 서로를 기쁘게 하려는 마음이 강하게 작용한다. 하지만 결혼하고 나서 현실적인 삶에 직면하면 상대방을 기쁘게만 하려는 마음에 제동이 걸린다. 논리적인 사람은 직관적인 사람에게 논리적인 이유를 대도록 재촉한다. 이는 불가능한 일을 기대하며 요구하는 행동이다. 직관적인 사람은 결코 교수의 논리대로 살아가지 않을 것이다.

만일 당신이 자신의 특성을 상대방에게 강요하려 하면 평생 동안 다투게 될 수 있다. 논리적인 사고와 직관적인 사고 둘 다 정상적임을 우리는 인정해야 한다. 자신의 방식을 고집할 것이 아니라, 둘 다 동의할 수 있는 결론을 찾아내야 한다. 이런 성격 차이를 지닌 부부에게는 4장에서 논의한 원칙이 도움이 될 것이다.

조직적인 사람과 즉흥적인 사람

조직적인 사람은 세부 사항들에 신경을 쓴다. 반면에 자유로운 영혼을 가진 즉흥적인 사람은 세부 사항들은 저절로 뒤따를 것이라고 생각한다.

조직적인 사람은 계획가이다. 장거리 여행을 준비하는 데 여러 달이 걸린다. 가장 저렴한 비행기표를 찾아내려고 웹사이트를 세 군데나 살펴본다. 렌터카에 GPS가 부착되어 있는지 꼼꼼히 확인하고, 몇 주 전에 호텔을 예약한다. 식사를 어디서 하며 여행지에서 무엇을 할지를 생각해둔다. 그리고 짐을 꼼꼼히 챙긴다.

즉흥적인 사람은 여행 전날 밤까지 가만히 있다가 이렇게 말한다. "산보다는 해변으로 가는 게 어때요? 햇살이 너무 아름답고 날씨도 좋잖아요." 조직적인 사람은 이런 말을 들으면 허탈해한다.

결혼 전에 베스는 트렌트의 체계적인 모습이 인상적이었다. "온라인 예금 잔고를 매일 점검해요? 정말 놀라워요!" 하지만 결혼 후에는 "지출 내역을 모조리 기록하라고요? 그건 불가능해요. 아무도 그렇게 하지 않아요."라며 반발한다. 트렌트는 모든 지출 내역이 정확히 기록된 작은 수첩을 그녀에게 보여 준다. 그에게는 그것이 단지 책임감의 문제일 뿐이다.

또한 트렌트는 식기세척기에 매우 체계적으로 그릇을 넣는다. 접시, 사발, 유리그릇과 은그릇 등을 각각 적절한 위치에 둔다. 반면에 베스는 마치 세탁기에 빨랫감을 넣듯이 그릇을 대충 넣는다. 식기세척기 문을 제대로 닫는 데에만 신경 쓰고, 나머지는 세척기에게 맡긴다.

식기세척기에 그릇을 넣을 때 캐롤린이 결코 나처럼 하지 않는다는 것을 깨닫는 데에 수년이 걸렸다. 내가 아무리 가르쳐 주려 해도 소귀에 경 읽기였다. 몇 개의 깨진 그릇들 때문에 흥분하기에는 우리의 인생이 너무 소중하다는 것을 나는 힘들게 배웠다. 나는 아내에게 자유를 줘야 했다. 그리고 아내는 식기세척기 돌리는 일을 기꺼이 포기했다. 내가 저녁 모임에 서둘러 가야 할 경우에는 아내가 그 일을 맡을 것이다. 그리고 그릇이 몇 개 깨져도 나는 그 결과를 받아들일 것이다.

또한 트렌트는 청구서 대금을 지불할 때에도 매우 조직적이며 체계적이다. 며칠 동안 출장을 떠날 때 그는 베스가 청구서들을 책상 위에 모아 두기를 기대한다. 그러나 베스는 우편물을 어디다 두었는지 잘 기억하지 못한다. 출장 갔다가 돌아온 트렌트는 승용차나 방바닥 또는 소파 쿠션 밑에 흩어져 있는 청구서들을 발견한다. 그는 베스의 무책임한 모습에 놀라고, 베스는 트렌트의 철저한 모습에 놀란다. 이 같은 성격 차이가 다툼을 격화시킬 수 있다.

데이트 시기에 이런 성격 차이를 찾아내려고 마음먹으면 쉽게 찾을 수 있다. 하지만 대부분의 커플들은 그렇게 하지 않는다. 조직적인 사람이 즉흥적인 데이트 파트너를 보면 그 모습을 좋게 여기기 쉽다. 즉흥적인 사람이 파트너의 조직적인 모습을 보면 대체로 찬사를 표한다. 그러나 좀 더 현실적인 시각을 지닐 필요가 있다. 그래서 결혼 후에 이 성격 차이로 인한 다툼을 어떻게 해결할지 의논할 필요가 있다. 그러면 결혼 후에 좀처럼 그 문제로 다투거나 상처를 입을 일이 없을 것이다. 다툴 가능성을 인정하고 가능한 해결책을 논의하면, 훗날 불가피한 다툼이 생길 때 해결책을 찾기 쉬울 것이다.

성격 차이가 서로의 관계에 큰 영향을 미칠 수 있기 때문에 진지하게 결혼을 고려 중인 모든 커플은 성격 유형을 검토해 볼 필요가 있다. 결혼생활에서 불가피한 다툼에 대비하려면 각자의 성격 유형을 이해하는 것이 가장 중요하다. 활용할 수 있는 성격 유형검사는 많이 있다. 그 중에서 가장 많이 사용되는 것 2가지를 소개하겠다.

첫 번째는 노르웨이에서 개발되었고 미국에서도 많은 상담자들이 활용하는 검사이다. 이 성격 유형검사는 사람들을 우울질, 점액질, 다혈질, 담즙질 4가지 기본적인 기질로 구분한다. 결혼을 고려하고 있다면 이 검사를 해보고, 그 결과에 대해 서로 논의하라 이것에 관해 더 자세히 알기를 원한다면 팀 라헤이의 『성령과 기질』을 읽어 보기 바란다. 그러면 당신에게 강한 기질과 약한 기질이 무엇인지 알게 될 것이다. 두 번째는 보통 '디스크 평가' The DISC Assessment 로 불리는 것이다. 이 평가는 인간의 행동 유형을 구성하는 요소를 주도형, 사교형, 신중형, 안정형 4가지로 본다. 이 평가에 관한 정보도 인터넷으로 찾아볼 수 있다.

이 평가들은 의미 있는 토론을 제시하며 서로의 성격 유형을 더 깊이 이해하게 한다. 성격을 이해하면 주어진 상황에서 상대방의 행동을 훨씬 더 쉽게 받아들일 수 있다.

결혼 전의 커플은 '결혼예비/부부관계' PREPARE/ENRICH 로 불리는 평가 방법을 활용할 수도 있다. 이것은 보다 포괄적인 검사이며 특히 결혼을 고려 중인 커플들에게 적합하다. 이 검사를 하면 전문 상담가의 도움이 필요하지만, 결혼을 앞둔 커플에게 매우 유용하다.[7]

---

7) 더 많은 정보가 필요하면 www.prepareenrich.com을 참조하라.

THINGS I WISH I'D KNOWN BEFORE WE GOT MARRIED

 나눔으로 하나되기 12

1. 다음 성격 특성에 대해 1-10의 점수를 매겨 보라. 10은 매우 높음을 그리고 1은 매우 낮음을 뜻한다.

   a. 낙관적이다　　　　　　　b. 비관적이다
   c. 깔끔하다　　　　　　　　d. 지저분하다
   e. 말수가 많다　　　　　　　f. 말수가 적다
   g. 요점만 말한다　　　　　　h. 상세하게 묘사한다
   I. 능동적이다　　　　　　　 j. 수동적이다
   k. 논리적이다　　　　　　　 l. 직관적이다
   m. 조직적이다　　　　　　　 n. 즉흥적이다

2. 데이트 상대에게도 위의 평가를 해보게 한 후 결과에 대해 서로 토론하라. 특정 점수를 매긴 이유에 대한 예를 제시하라.

3. 진지하게 결혼을 고려 중이라면, 혼자서 또는 둘이서 본장에 소개된 성격 유형검사로 평가해 보고 싶을 것이다. 그렇다면 온라인 자료를 활용하라.

4. 상담가나 신앙의 리더로부터 결혼 전 상담을 받고자 한다면 그들에게 결혼예비/부부관계 평가를 부탁해 볼 수 있다.

맺는 말
보다 현실적인 시각으로

    이 책에서 나는 결혼 전에 누군가로부터 들었으면 좋았을 것이라고 생각되는 내용을 언급했다. 이 책에 제시된 문제들을 논의했더라면 결혼 초에 그렇게 힘들지는 않았을 것이다. 그런 논의가 없었기 때문에 우리의 결혼생활은 다툼과 오해와 실망으로 가득했다.

    결국 우리는 실망과 다툼에 대한 해결책을 찾았다. 공감하는 마음으로 서로에게 귀 기울이는 법과 적절한 해법을 찾아내는 법을 배웠다. 여러 해 동안 우리는 서로 사랑하고 지지해 주는 만족스러운 부부로 살아 왔다. 그리고 같은 해결책을 찾도록 다른 부부들을 돕는 일에 몰두해 왔다. 수많은 부부들이 우리가 당했던 고통과 갈등을 겪지 않고 행복한 결혼생활을 하도록 이 책이 도움이 되기를 바란다.

당신이 현재 데이트도 안 하는 싱글이라면 이 책의 내용을 나중에 활용하기 바란다. 이 책에는 결혼을 결심하기 전에 고려해야 할 사항들이 보다 현실적으로 제시되어 있다. 누군가에게 설렘을 느끼기 시작할 때 이 책을 안내서로 삼으라. 현재 데이트 중이라면 이 책이 서로를 더 잘 알도록 도와주는 신실한 지원자 역할을 했으면 한다. 이 책의 주제들을 솔직하게 논의하며 현실을 직시하라. 그러면 데이트 상대자와의 결혼 여부에 대해 현명한 결정을 내릴 수 있을 것이다. 이미 약혼했다면 이 책에서 제기된 문제들을 깊이 숙고하기를 바란다. 건성으로 읽지 말고 각 장의 끝에 마련된 질문들에 신실하게 답해 보라. 자신의 약혼이 너무 성급했음을, 서로에 대해 잘 모르는 상태에서 그런 결정을 내렸음을 깨달을 수도 있다. 만일 그렇다면 용기를 내어 서로에 대해 솔직해지고 약혼을 연기하거나 파기하라. 파기된 약혼이 고통스럽겠지만 나중에 이혼하는 것보다는 그게 더 낫다.

  반면에 진지한 의논을 통해 행복한 결혼생활을 위한 공감대를 충분히 마련했다면 당신의 꿈을 실현하기가 한결 쉬워질 것이다. 커플들이 이 책의 내용을 철저히 토론하면, 행복한 결혼생활에 대한 보다 현실적인 시각을 가질 수 있을 것이다.

  몇 년 전의 한 조사에 의하면, 20세와 30세 사이의 싱글 중 87퍼센트가 "평생 동안 지속될 단 한 번의 결혼을 원한다"고 말했다.[8] 그들은 부모의 이혼을 보았고 버림 받는 고통을 느껴서 그런 실패를 결코 답습하고 싶지 않은 것이다. 비극적인 사실은 그들 중 다수가 평생 지속되는 긍정적인 결혼관계를 어떻게 준비하는지 모른다는 것이다. 나는 그들이 이 책에서 그런 정보를 얻기를 바란다. 이 책이 도움이 되었다면 주위 사람들에게도 추천해 주기를 바란다.

---

8) Kim McAlister, "The X-Generation," HR Magazine, 39(1994년 5월): p. 21.

`appendix`

부록

부록 1
건강한 데이트 관계를 위해

부록 2
결혼생활에 관한 성경 말씀

부록 3
부부를 위한 기도제목

Things I Wish I'd Known Before We Got Married

부록 1
건강한
데이트 관계를 위해

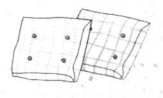
결혼 전에 대개 데이트 기간을 갖는다. 가장 넓은 의미에서의 데이트는 남녀가 더 친숙해질 목적으로 함께 시간을 보내는 것이다. 데이트에는 2단계가 있다. 첫 번째 단계는 부담 없는 데이트이다. 부담 없는 데이트는 로맨틱한 의미를 함축할 수도 있고 그렇지 않을 수도 있다. 함께 공연을 보러 가거나 식사를 같이 할 수도 있다. 토요일에 둘이서 자전거를 탈 수도 있다. 부담 없는 데이트를 가진 후에도 로맨틱한 관심이 없다면 둘은 서로를 친구 정도로 여길 것이다.

부담 없는 데이트는 종종 둘 중 한 명이나 두 사람 모두에게 로맨틱한 관심을 유발한다. 그러나 그런 관심을 깨닫지 못한 채로 데이트를 계속하기도 한다. 부담 없는 데이트의 핵심은 함께 삶을 즐기며 공통의 관심사를 나누는 것이다. 부담 없는 데이트는 독점적이지 않으며, 다른 사람과도 데이트 관계를 가질 수 있다. 로맨틱한 감정을 느끼는 사람은 상대방이 다른 사람과 데이트하는 것을 알면 마음이 상할 수 있지만, 내색을 하지 않는다. 둘 사이에 아무런 약속이 없었기 때문이다.

부담 없는 데이트는 보통 세 방향 중 하나로 나아간다.

첫 번째 방향은 로맨틱한 관심이 일어나지 않고 공통 관심사만 많을 경우이다. 이 경우에 둘은 돈독한 우정을 키워 나갈 수 있다. 이런 관계는 흔히 여러 해 동안 지속된다.

두 번째 방향은 부담 없는 데이트 관계가 끝나는 경우이다. 둘 중 한 명은 로맨틱한 관심을 강하게 느끼지만 다른 한 명은 그렇지 않을 수 있다. 그래서 다툼이 일어나고 관계가 깨지기도 한다. 또는 둘 다 로맨틱한 관심이 없고 서로간의 결속력도 강하지 않다면 그 관계는 자연히 시들해진다.

세 번째 방향은 처음에는 그렇지 않았지만 시일이 지나면서 서로에 대한 로맨틱한 관심이 강해지는 경우이다. 함께하는 시간이 즐겁고, 서로에게 사랑에 빠진 것이 아닌가 하고 생각하기 시작한다. 부담 없는 데이트로부터 열성적인 데이트로 바뀌어 간다.

열성적인 데이트는 부담 없는 데이트보다 훨씬 더 진지하다. 그것은 대개 독점적인 관계로 인식된다. 만일 둘 중 하나가 다른 사람과 데이트를 하면 상대방은 배신감으로 고통스러워할 것이다. 그들은 자신의 고통을 서슴없이 말로 표현하며 대화를 통해 관계를 정리하거나 서로에 대한 열정을 다짐한다.

여기에서 논의하려는 것은 바로 이 열정적인 데이트 단계이다. 건강한 데이트 관계로 나아가는 것이 건강한 결혼을 위한 최선의 준비이다. 물론 열정적인 데이트를 하는 커플들이 모두 결혼하는 것은 아니다. 하지만 건강한 데이트 관계는 '상대방과 결혼할 것인지의 여부'를 보다 지혜롭게 결정하게 해줄 것이다. 이런 유형의 데이트 관계를 특징짓는 요소들은 다음과 같다.

건강한 데이트 관계는 서로를 알아가는 데 초점을 맞춘다. 인간의 정신은 유전과 환경의 복합체이다. 그리고 외모로 보이는 것과 내면에서 발견되는 것이 꼭 일치하는 것은 아니다. 내면을 발견하는 과정에서는 서로의 솔직함이 요구된다. 초기 단계의 데이트에서는 되도록 좋은 인상을 주려는 경향이 있다. 하지만 그것은 건강한 데이트 관계로 이끄는 태도가 아니다.

누구나 과거를 가지고 있다. 그 과거의 이력을 통해 오늘의 자신이 되었다. 우리는 자신의 이력을 얘기하지 않으면 서로를 알 수 없다. 이는 우리의 성공만이 아니라 실패도 얘기해야 함을 뜻한다.

한 젊은이가 상담실에서 내게 말했다.

"제가 열여섯 살 때 3개월 동안 소년원에 있었다는 사실을 그녀에게 말해야 할지 두렵습니다. 그녀가 저랑 절교할까 봐 걱정돼요."

"그 사실을 언제까지 숨기길 원하나요? 약혼할 때까지나 결혼할 때까지인가요?" 하고 내가 물었다.

"숨기는 건 올바르지 않은 것 같습니다. 그렇죠?"라고 그가 말했다.

거짓이나 사실 은폐에 기초한 관계는 깨어지기 쉽다. 자신의 성공을 빨리 얘기하고 싶은 것은 우리의 본성이다. 그러나 실패를 얘기하려면 머뭇거리게 된다. 상대방에게 좋지 않은 모습을 보일 뿐만 아니라, 실패의 기억에 자신의 마음도 상하기 때문이다. 하지만 건강한 데이트 관계는 진실 위에 세워진다.

솔직해지기가 몹시 힘든 2가지 영역이 있다. 하나는 성적 이력이며 다른 하나는 경제적 이력이다. 그러나 진지하게 데이트하는 커플이라면 이들 두 부분을 솔직히 밝혀야 한다. 이들은 결혼생활에서 가장 많은 다툼을 유발하는 부분이기 때문이다. 이들 2가지를 솔직하게 밝히지 않고 결혼하는 것은 파트너와 자신에게 부당한 일이다.

최근에 한 젊은 여성이 내게 말했다.

"제가 진지하게 만나는 남자가 지난 8년 동안 세 명의 다른 여자들과 성관계를 가졌다고 털어놓았어요. 그 말을 듣고 어떻게 해야 할지 모르겠더라고요. 지금도 그 일로 고민하고는 있지만, 저에게 솔직하게 밝힌 것에 대해서는 고맙게 생각해요. 만일 우리가 약혼하거나 결혼한 후에 그 사실을 알게 되었다면 배신감을 느꼈을 겁니다."

그녀의 말이 옳았다. 그리고 그가 만나는 사람이 사실을 털어놓은 것도 지혜로웠다. 어떤 일을 해결하기 힘들다고 해서 간과해서는 안 된다. 살다 보면 힘든 일을 해결해야 할 때가 많다. 데이트 시기에 이런 문제를 해결하는 법을 배우면 장래의 건강한 결혼생활에 도움이 된다.

경제적인 문제에 대해서는 어떤가?

경제적인 내용을 얘기하는 것도 힘든 일일 수 있지만 건강한 데이트 관계를 위해서는 필수적이다. 그 관계가 약혼과 결혼을 향해 나아가고 있다면 특히 그렇다. 자신의 돈 관리법에 대해 서로 얘기를 나누다 보면 저축과 기부와 소비의 형식이 서로 다름을 알게 된다. 결혼 전에 이 차이점을 놓고 협상하면 결혼에 다가서기가 훨씬 쉬워질 것이다. 만일 둘 중 한 명이 수입의 10분의 1을 기부하고 다른 한 명은 2퍼센트를 기부하거나 아예 하지 않는다면, 이 차이점을 결혼 전에 해결하지 않을 경우 심한 다툼에 직면할 수 있다.

빚의 양이나 형태도 서로에게 알려 줄 필요가 있다. 저축액과 저축의 목적도 중요한 정보이다. 둘 중 한 명이 저축하는 것을 좋아하고 다른 한 명은 지출하는 것을 좋아하는 경우에도 협상이 필요하다. 협상은 충분한 논의를 통해 서로 납득할 만한 해결책을 찾는 것이다. 부담 없는 데이트 단계에서는 이런 문제들을 논의할 필요가 없지만, 약혼과 결혼을 생각하기 시작할 때 이들은 매우 중요한 문제이다.

데이트를 통해 상대방의 가족에 대해서도 알 수 있다. 그녀의 어머니와 아버지는 사이는 어떠한가? 그의 부모는 어떠한가? 그와 그의 부모는 사이가 어떠한가? 부모가 이혼했는가? 당신은 데이트 파트너의 가족과 함께 시간을 보내려고 많이 노력해야 한다. 결혼한 후에는 그들이 오랫동안 당신의 삶의 일부가 될 것이기 때문이다.

건강한 데이트 관계에서는 상대방의 교육적, 직업적 목표를 독려한다. 교육과 직업은 삶의 큰 부분을 차지한다.

"대학을 그만두고 나랑 결혼하는 게 어때요? 나는 직업 군인이 될 거니까 당신은 학위를 딸 필요가 없어요."

대학교 3학년인 여자 친구에게 이렇게 말하는 청년은 결혼할 준비가 되어 있지 않은 것이다. 이것은 자기중심적인 태도를 보여 준다. 성숙한 관계에서는 상대방의 교육적, 직업적 목표를 추구하도록 독려하며 도와준다.

또한 건강한 데이트 관계는 균형 잡힌 관계이다. 인간의 여러 면들을 설명할 때 우리가 종종 사용하는 단어는 '지적인', '정서적인', '사회적인', '영적인', '신체적인' 이렇게 5가지다. 실제로는 이들 5가지가 뒤얽혀 있어서 분리될 수 없지만, 데이트 시기에는 이들 각각에 초점을 맞춰볼 필요가 있다.

'지적인' 면은 우리의 생각과 바람과 견해에 관한 것이다. 종종 우리는 지적 적합성에 대해 말한다. 우리는 신문이나 잡지 기사에 대해 사이좋게 토론할 수 있을까? 서로 정죄하거나 언쟁하지 않고 서로의 생각을 독려할 수 있을까? 만일 정치적 견해가 서로 어긋나면 그 차이를 어떻게 해결하면 좋을까?

서로의 의견 차이를 인정하며 불쾌해하지 않는 것은 지적 적합성을 갖추었음을 보여 주는 한 예이다. 책을 거의 읽지 않는 남자가 엄청난 독서가와 데이트한다면 과연 그들이 지적으로 적합할까? 대학에서 A

학점만 받은 사람은 C나 D학점을 간신히 받은 사람과 의사소통하기 힘들 수 있다. 두 사람은 지적으로 친밀한가? 지적인 문제에 대한 대화가 서로의 성장을 가져다주는가, 아니면 서로를 정죄하는 방향으로 나아가는가?

삶의 '정서적인' 면은 어떤 일에 대한 정서적인 반응에 관한 것이다. 어떤 사람은 소방차의 사이렌 소리를 듣고 두려움에 사로잡힌다. 우는 사람을 보면 매우 심란해지는 사람도 있다. 감정은 선택하는 것이 아니라, 삶의 일부로서 저절로 나타나는 것이다. 자신의 감정이 어디서 비롯되었는지 이해하고 그 감정에 대한 긍정적인 반응을 선택하는 것은 성숙되는 과정의 중요한 일부이다. 또한 상대방의 감정 처리를 돕는 법을 배우는 것은 건강한 데이트 관계를 위해 꼭 필요한 일이다.

또한 우리는 '사교적인' 존재이다. 우리는 자신의 삶을 다른 사람들과 나누기를 원한다. 사람에게는 공동체에 속하고 싶은 본성이 있다.

가장 엄한 징벌 중의 하나가 '독방 감금'인 것도 바로 그 때문이다. 그러나 언제, 어디서, 어떻게 사람들과 함께 시간을 보내고 싶은지에 있어서는 사람마다 큰 차이를 보인다.

우리 사회에는 사교적인 행사들이 많다. 매주 수많은 사람들이 스포츠를 즐기러 경기장을 찾는다. 심포니 홀이나 극장이나 교회에 모이는 이들도 있다. 같은 사람이 이 모든 행사들에 참석하는 것은 아니다. 당신의 사교적인 관심사는 무엇인가? 데이트 파트너의 사교적인 관심사는 무엇인가? 한 젊은 여성이 내게 말했다.

"일요일에 하루 종일 스탠드에 앉아 자동차 경기를 지켜보는 그를 저는 이해하기 힘들어요. 그에게는 그것이 사교적인 행사라면 과연 우리가 같이 살 수 있을지 의문이에요."

그렇게 말하는 것도 당연하다. 데이트 단계에 그 사실을 발견했다는 것이 다행스러운 것이다.

삶의 '영적인' 면도 있다. 앞에서 언급했듯이 나는 인간의 문화를 연구하는 인류학을 전공했다. 모든 문화에는 영적인 세계에 관한 신념이 담겨 있다. 사람은 불가피하게 영적인 것 같다. 영적 실재에 대한 당신과 데이트 파트너의 개념은 어떤 것인가? 이 영역에 대해 얼마나 충분한 대화를 나눴는가? 영적 신념은 흔히 삶의 다른 영역에도 영향을 미치기 때문에 매우 중요하다. 한 여성이 내게 말했다.

"우리의 관계가 지속될 수 있을지 모르겠어요. 저는 마법 숭배자이고 남자 친구는 그리스도인이에요. 그런 부분을 얘기할 때마다 말다툼을 벌여요. 저는 그를 많이 좋아하고 함께 있고 싶지만, 우리가 과연 영적 신념의 차이를 극복할 수 있을지 모르겠어요."

나는 성숙한 자세로 현실을 직시하라고 조언했다.

끝으로, 우리 인간은 '신체적인' 존재이다. 신체는 우리의 가장 분명하고 가시적인 부분이다. 데이트 관계의 시작이 신체적인 매력에서 비롯되는 경우가 있다. 신체적인 접촉은 거의 모든 데이트 관계의 일부이다. 데이트 관계에서 어느 정도의 신체 접촉이 적절한지에 대해서는 사람마다 의견이 다양하다. 건강한 관계에서 중요한 것은 서로의 경계를 존중하는 것이다. 이 경계를 넘도록 상대방을 강요하는 것은 결코 사랑의 행동이 아니며 둘의 관계를 해칠 수도 있다.

오늘날의 사회에서는 성행위가 잘못 강조됨으로써 많은 커플들이 균형 잡힌 데이트 관계를 맺기 힘들다. 데이트 첫날에 성관계를 갖고 관계의 초점을 성행위에 맞추는 커플들이 늘고 있다. 성 중독적인 이런 만남으로는 결혼의 기초를 굳건하게 다질 수가 없다.

지적, 정서적, 사교적, 영적, 신체적인 면의 균형을 잡는 것은 건강한 데이트 관계의 특징 중 하나이다. 만일 당신이 진지하게 데이트에 임하고 있다면, 다음의 자료를 활용하여 건강한 데이트 관계를 발전시켜 나가기를 바란다.

건강한 데이트 관계 발전시키기

01. 서로를 알아가는 것은 진지한 데이트 관계의 주요 목적 중 하나이다. 따라서 다음 질문들을 활용하여 대화를 북돋우라.

   1) 살아가면서 뭔가를 성취한 적이 있다면 무엇인가?

   ---

   2) 살아가면서 실패한 경험이 있다면 무엇이며, 아직 얘기하지 않은 것은 무엇인가?

   ---

   3) 과거의 성적인 이력에 대해 어느 정도까지 얘기했는가?

   ---

   4) 서로의 경제적 사정에 대해 얼마나 알고 있나?

   ---

02. 확대가족은 우리의 삶에 큰 영향을 미친다. 따라서 확대가족에 대한 이해를 높이기 위해 다음 질문들을 활용해 보라.

1) 당신의 어머니와 아버지의 부부 사이를 어떻게 묘사하겠는가?

----

2) 당신의 관점에서 볼 때 자녀양육에 대한 부모님의 철학은 무엇이었나? 그들의 양육법의 장점과 단점은 각각 무엇인가?

----

3) 현재 당신과 아버지의 관계는 어떠한가?

----

4) 어머니와의 관계는 어떠한가?

----

5) 당신이 결혼했다면 부모님의 결혼생활과 다르기를 원하는 부분은 무엇인가?

----

03. 교육적, 직업적 성취는 삶에서 큰 비중을 차지한다. 따라서 이 부분을 발전시키기 위해 다음 질문들을 활용해 보라.

1) 다음 5년 동안 매진할 당신의 교육적 목표는 무엇인가?

----

2) 현재 당신의 직업적 목표는 무엇인가?

----

3) 당신의 데이트 관계는 그 목표들에 도달함에 있어 자산으로 작용하는가, 아니면 부담으로 작용하는가? 어떤 면에서 그런가?

----

4) 데이트 상대가 당신의 목표를 얼마나 인정하는 것 같은가?

----

04. 건강한 데이트 관계는 균형 잡힌 관계이다. 따라서 더 발전을 요하는 영역을 파악하기 위해 다음 질문들을 활용해 보라.

A. 지적인 영역

1) 둘이서 대학교나 고등학교의 성적을 비교해 본 적이 있는가?

----

2) 잡지나 온라인 기사를 함께 읽고 토론해 본 적이 있는가?

----

3) 당신이 주로 보는 TV프로그램은 무엇인가? 시청하는 TV프로그램에 대해 얼마나 자주 토론하는가?

----

4) 정치적인 문제에 대해 의견을 나눌 때 데이트 파트너는 주로 어떤 반응을 보이는가?

----

5) 의견 차이가 있을 때 당신은 자신의 관점을 어느 정도나 얘기하는가? 상대방의 관점을 들 때 당신은 주로 어떤 반응을 보이는가?

----

6) 상대방을 불쾌하게 하지 않으면서 이견을 내놓는 법을 배웠는가?

B. 정서적인 영역

1) 오늘 어떤 감정을 느꼈고, 그런 감정을 유발한 것은 무엇인가?

----

2) 자신의 감정을 상대방에게 얼마나 자주, 어느 정도나 토로하는가?

----

3) 당신의 감정을 얘기할 때 상대방은 주로 어떤 반응을 보이는가? 이 영역에서 어떤 면이 향상되기를 바라는가?

C. 사교적인 영역

1) 지난 달에 둘이서 참석했던 사교 행사들은 무엇인가? 그 행사들에서 즐거웠던 점이나 실망했던 점을 서로 얘기하라.

----

2) 당신이 가장 즐기는 스포츠는 무엇인가?

----

3) 음악회나 연주회 관람에 관심이 있는가? 이 관심이 서로의 관계에 어떤 영향을 미치는지 토론해 본 적이 있는가?

----

4) 지난 6주 동안 함께 본 영화는 몇 편인가? 영화를 본 후에 그 내용에 대해 토론했는가?

----

5) 다른 사람들과의 대화를 수반하는 사교 행사에 참석할 때 파트너의 가장 거슬리는 행동은 무엇인가?

----

6) 이 영역에서 향상되기를 바라는 것은 무엇인가?

D. 영적인 영역

1) 둘이서 자신의 영적 배경에 대해 토론한 적이 있는가?

   ----

2) 당신이 종교적인 가정에서 자랐다면 어릴 적의 신앙을 받아들이고 있는가, 아니면 배격했는가? 혹은 아직도 결정을 내리지 못했는가? 당신은 하나님에 대해 어떤 관점을 지니고 있는가?

   ----

3) 만일 자녀가 있다면 그 아이들을 특정한 신앙으로 키울 생각인가?

   ----

4) 이 영역에서 향상되기를 바라는 것은 무엇인가?

E. 신체적인 영역

1) 당신에게 있어 사랑을 느끼게 하는 스킨십은 어떤 것인가?

   ----

2) 자신이 불편하다고 느끼는 스킨십에 대해 서로 얘기해 본 적이 있는가?

   ----

3) 불편한 스킨십을 강요당하는 느낌을 받은 적이 있는가?

   ----

4) 이 영역에서 당신이 원하는 변화는 어떤 것인가?

부록 2
결혼생활에 관한 성경 말씀

 가정

오늘 내가 네게 명령하는 여호와의 규례와 명령을 지키라 너와 네 후손이 복을 받아 네 하나님 여호와께서 네게 주시는 땅에서 한없이 오래 살리라
신명기 4:40

여호와께서 너희를 곧 너희와 너희의 자손을 더욱 번창하게 하시기를 원하노라 시편 115:14

여호와를 경외하는 자에게는 견고한 의뢰가 있나니 그 자녀들에게 피난처가 있으리라 잠언 14:26

의인의 아비는 크게 즐거울 것이요 지혜로운 자식을 낳은 자는 그로 말미암아 즐거울 것이니라 잠언 23:24

내가 그들에게 한마음과 한 길을 주어 자기들과 자기 후손의 복을 위하여 항상 나를 경외하게 하고 예레미야 32:39

 남편과 아내

누가 현숙한 여인을 찾아 얻겠느냐 그의 값은 진주보다 더 하니라 잠언 31:10

남편들아 아내 사랑하기를 그리스도께서 교회를 사랑하시고 그 교회를 위하여 자신을 주심같이 하라 이는 곧 물로 씻어 말씀으로 깨끗하게 하사 거룩하게 하시고 자기 앞에 영광스러운 교회로 세우사 티나 주름 잡힌 것이나 이런 것들이 없이 거룩하고 흠이 없게 하려 하심이라 이와 같이 남편들도 자기 아내 사랑하기를 자기 자신과 같이 할지니 자기 아내를 사랑하는 자는 자기를 사랑하는 것이라 에베소서 5:25-28

남편들아 이와 같이 지식을 따라 너희 아내와 동거하고 그를 더 연약한 그릇이요 또 생명의 은혜를 함께 이어받을 자로 알아 귀히 여기라 이는 너희 기도가 막히지 아니하게 하려 함이라 베드로전서 3:7

아내들이여 자기 남편에게 복종하기를 주께 하듯 하라 이는 남편이 아내의 머리 됨이 그리스도께서 교회의 머리 됨과 같음이니 그가 바로 몸의 구주시니라 그러므로 교회가 그리스도에게 하듯 아내들도 범사에 자기 남편에게 복종할지니라 에베소서 5:22-24

아내들아 이와 같이 자기 남편에게 순종하라 이는 혹 말씀을 순종하지 않는 자라도 말로 말미암지 않고 그 아내의 행실로 말미암아 구원을 받게 하려 함이니 너희의 두려워하며 정결한 행실을 봄이라 너희의 단장은 머리를 꾸미고 금을 차고 아름다운 옷을 입는 외모로 하지 말고 오직 마음에 숨은 사람을 온유하고 안정한 심령의 썩지 아니할 것으로 하라 이는 하나님 앞에 값진 것이니라 베드로전서 3:1-4

 결혼

여호와 하나님이 이르시되 사람이 혼자 사는 것이 좋지 아니하니 내가 그를 위하여 돕는 배필을 지으리라 하시니라 창세기 2:18

아내(남편)를 얻는 자는 복을 얻고 여호와께 은총을 받는 자니라 잠언 18:22

집과 재물은 조상에게서 상속하거니와 슬기로운 아내는 여호와께로서 말미암느니라 잠언 19:14

집은 지혜로 말미암아 건축되고 명철로 말미암아 견고하게 되며 또 방들은 지식으로 말미암아 각종 귀하고 아름다운 보배로 채우게 되느니라 잠언 24:3-4

두 사람이 뜻이 같지 않은데 어찌 동행하겠으며 아모스 3:3

예수께서 대답하여 이르시되 사람을 지으신 이가 본래 그들을 남자와 여자로 지으시고 말씀하시기를 그러므로 사람이 그 부모를 떠나서 아내에게 합하여 그 둘이 한 몸이 될지니라 하신 것을 읽지 못하였느냐 그런즉 이제 둘이 아니요 한 몸이니 그러므로 하나님이 짝지어 주신 것을 사람이 나누지 못할지니라 하시니 마태복음 19:4-6

남편은 그 아내에 대한 의무를 다하고 아내도 그 남편에게 그렇게 할지라 아내는 자기 몸을 주장하지 못하고 오직 그 남편이 하며 남편도 그와 같이 자기 몸을 주장하지 못하고 오직 그 아내가 하나니 고린도전서 7:3-4

사랑은 오래 참고 사랑은 온유하며 시기하지 아니하며 사랑은 자랑하지 아니하며 교만하지 아니하며 무례히 행하지 아니하며 자기의 유익을 구하지 아니하며 성내지 아니하며 악한 것을 생각하지 아니하며 불의를 기뻐하지 아니하며 진리와 함께 기뻐하고 모든 것을 참으며 모든 것을 믿으며 모든 것을 바라며 모든 것을 견디느니라 고린도전서 13:4-7

너희는 믿지 않는 자와 멍에를 함께 메지 말라 의와 불법이 어찌 함께하며 빛과 어둠이 어찌 사귀며 그리스도와 벨리알이 어찌 조화되며 믿는 자와 믿지 않는 자가 어찌 상관하며 고린도후서 6:14-15

아무 일에든지 다툼이나 허영으로 하지 말고 오직 겸손한 마음으로 각각 자기보다 남을 낫게 여기고 각각 자기 일을 돌볼 뿐더러 또한 각각 다른 사람들의 일을 돌보아 나의 기쁨을 충만하게 하라 너희 안에 이 마음을 품으라 곧 그리스도 예수의 마음이니 빌립보서 2:3-5

하나님의 뜻은 이것이니 너희의 거룩함이라 곧 음란을 버리고 각각 거룩함과 존귀함으로 자기의 아내 대할 줄을 알고 하나님을 모르는 이방인과 같이 색욕을 따르지 말고 이 일에 분수를 넘어서 형제를 해하지 말라 이는 우리가 너희에게 미리 말하고 증언한 것과 같이 이 모든 일에 주께서 신원하여 주심이라 데살로니가전서 4:3-6

부 록 3

부부를 위한 기도제목

스토미 오마샨, 『남편의 기도로 아내를 돕는다』, 『아내의 기도로 남편을 돕는다』에서 발췌

 남편을 돕는 기도제목 30가지

01 남편의 아내
남편에 관해 하나님께 아뢰는 것은 사랑의 행위이다. 기도는 사랑을 일으키고, 사랑은 더욱 기도하게 하며, 그것은 다시 더 큰 사랑을 불러일으킨다. 비록 부부가 함께 기도하지 않더라도 당신의 기도는 일체감을 가져다 줄 것이다.

02 남편의 일
당신의 기도는 인생의 참의미가 일 자체에 있는 것이 아니라 하나님을 따르는 데 있다는 사실을 남편이 깨닫게 도와준다. 우리 남편들이 완벽한 균형을 찾을 수 있게 해주시라고 기도하자.

03 남편의 금전
모든 금전 문제를 하나님께 맡길 때, 금전과 관련해 그분의 지시대로 따를 때 수많은 문제들이 해결될 수 있다. 그렇게 할 때 그분은 당신에게 필요한 것을 제공하시고, 보호하시고, 축복하시고, 치유하시며 보존해 주실 것을 약속하신다.

04 남편의 성
결혼하면 우리 몸은 자신의 것이 아니다. 부부간에 서로 육체적인 관심을 가져야 하며, 서로에 대한

권한을 무시해서는 안 된다. 하나님은 우리 몸이 배우자를 위로하고 만족시키는 데 사용되어야 한다고 하신다.

05 남편의 애정
많은 사람들이, 심지어 경건한 이들마저도 애정이 없는 까닭에 무덤 같은 결혼생활을 하고 있다. 하지만 하나님이 원래 계획하신 부부 관계는 그런 것이 아니다. 만일 애정이 결여된 결혼생활을 하고 있다면 성령의 역사로 말미암은 변화를 간구하라.

06 남편의 시험
시험은 언제든 닥칠 수 있기에 늘 조심해야 한다. 우리 영혼의 대적은 우리 육신의 가장 취약한 부분을 알고 있으며, 바로 그 부분을 통해 시험할 것이다. 문제는 시험거리가 있을 것이냐가 아니라, 시험에 직면할 때 우리가 어떻게 대처하느냐 하는 것이다.

07 남편의 마음
모든 남자들에게는 자신의 삶에서 하나님이 바라시는 것을 서서히 약화시키려는 대적이 있다. 남편의 마음에 가해지는 거짓의 공격에 대항할 수 있는 가장 강력한 무기는 말씀과 찬양이다.

08 남편의 두려움
특별한 일을 위해 기도하도록 고무시키는 두려움과 우리를 무력하게 만드는 고통스러운 두려움 간에는 차이가 있다. 우리가 지녀야 할 유일한 두려움은 바로 주님을 두려워하는 것이다. 주님의 위로와 보호와 완전하신 사랑이 남편을 두르사 모든 두려움에서 그를 건져 주시라고 기도하라.

09 남편의 목적
당신 남편은 자신의 존재 이유를 알 필요가 있다. 자신의 삶이 단순한 우연이 아니라 계획에 따른 것임을 확신할 필요가 있다. 그는 자신이 위대한 목적을 위해 창조되었음을 확신해야 한다.

10 남편의 선택
남자들은 대개 자신이 하는 일을 옳게 여긴다. 하지만 오직 하나님만이 참된 분별을 하실 수 있다. 남편에게 지혜를 주시라고 기도하라. 그를 판단하려 들지 말라. 판단할 수 있는 이는 오직 하나님뿐이시다. 당신이 할 일은 사랑하며 그를 위해 기도하는 것이다.

11 남편의 건강
우리는 기도할 뿐, 그 결과를 결정하시는 분은 하나님이시다. 원망하거나 불평하지 말고 하나님의 특권을 인정해야 한다. 남편의 건강을 위해 기도하되 온전히 하나님의 손에 맡기라.

12 남편의 안전
원수가 우리 삶에 사고, 질병, 재난, 폭력, 파괴 따위를 야기시키기 위해 어떤 함정을 설치해 두었는지는 오직 하나님만이 아신다. 그 하나님은 "그를 의지하는 자의 방패" 잠 30:5가 되실 거라고 약속하신다.

13 남편의 시련
시련이 닥칠 때 중요한 것은 마음 자세이다. 하나님을 비난한다면 상황은 더욱 악화될 것이다. 반면 하나님께 감사하고 찬양하며 시련에 대처한다면 그분은 모든 악조건에도 불구하고 좋은 결과를 약속하신다.

14 남편의 성실
성실은 마음에서 나온다. 그러므로 성실한 사람이 된다는 것은 당신 남편 스스로 선택할 문제이다. 하지만 당신은 그를 유혹하고 눈을 멀게 하며 올바른 결정을 못하도록 훼방하는 원수와 싸우는 남편을 기도로 도울 수 있다.

15 남편의 명성
명성은 가볍게 여길 만한 것이 아니다. 재물보다는 명예를 택해야 한다. 자신의 명성을 소중히 여기지 않는 사람은 언젠가는 신용을 얻고 싶어도 얻지 못할 수 있다.

16 남편의 우선 순위
남편이 항상 하나님을 첫 번째로, 당신을 두 번째로, 자녀들을 세 번째로 우선 순위를 두게 해주시라고 기도하라. 그리하면 그의 삶 가운데 어떤 일이 진행되든지 간에 그의 우선 순위가 질서를 유지할 것이며, 당신 부부 모두를 위해 더 큰 평안과 행복이 기다리고 있을 것이다.

17 남편의 인간관계
의인은 친구를 신중하게 선택해야 한다. 악인이 나쁜 길로 인도할 수 있기 때문이다. 그리스도인들과 교제하는 일이 중요한 것도 바로 이 때문이다. 가능한 한 신앙심 깊은 사람들을 가까이하라.

18 남편의 부권
좋은 아버지가 되는 최선의 방법은 하나님 아버지를 알고 그분을 본받는 것이다. 주님 앞에서 더 많은 시간을 보내고 그분을 더 많이 닮아 갈수록 자녀들에게 더 좋은 영향을 미칠 것이다.

19 남편의 과거
과거는 우리가 살아가는 곳이 아니라 우리가 배워야 하는 그 무엇이어야 한다. 과거에 집착하고 과거 속에서 살아간다면 결코 하나님이 우리를 위해 마련해 두신 미래를 향해 나아갈 수 없다.

20 남편의 태도
남편이 줄곧 나쁜 습관에 스스로를 방치한다면 결혼생활은 비참해지고 견딜 수 없는 상황으로까지 치달을 것이다. 당신이 남편의 의지를 다스릴 수는 없지만, 그의 뜻이 하나님의 뜻과 같게 해주시라고 기도할 수는 있다.

21 남편의 결혼생활
결혼생활의 모든 면에 대해 기도하는 것이 이혼에 이르게 하는 요인들을 막는 비결이다. 서로간의 모든 상충점들을 해소해 일체성, 신뢰성, 친밀성을 더욱 북돋워 갈 수 있게 해주시라고 지속적으로 기도해야 한다.

22 남편의 감정
남자들은 부정적인 감정을 바꿀 수 없는 자신의 성격이라고 믿곤 하지만 그 생각은 잘못됐다. 남편이 자신의 감정에 조종당하는 것을 방관만 하고 있지 말라. 당신이 기도하는 만큼 남편이 자유로워질 것이다.

23 남편의 걸음
예수님은 옳은 길은 단 하나이며, 들어갈 수 있는 문도 단 하나라고 말씀하셨다. 또한 그분 자신이 곧 길이라고 하셨다. 멸망으로 인도하는 길은 넓고 편해서 많은 사람들이 택하지만 생명의 길은 좁고 힘들어서 찾는 이가 적다. 당신 남편이 그 길을 찾을 수 있도록 기도하라.

24 남편의 말
입에서 나오는 말이 사람의 영혼을 세울 수도 있고 허물 수도 있다. 말은 우리의 생명을 구하거나 멸할 정도로 큰 결과를 초래한다. 당신 남편에게 새로운 언어 습관을 가르쳐 주시라고 간구하라.

25 남편의 회개
회개는 하나님의 은혜로 말미암는다. 우리는 남편에게 그 은혜가 임하도록 기도해야 한다. 교만 때문에 또는 자백하고 회개하지 못하기 때문에 넘어지는 남자들이 너무도 많다. 자백하지 않은 죄는 사라지지 않는다.

26 남편의 구원
아무런 출구도 없는 것처럼 보일 때 하나님이 이적적으로 우리를 들어 올리사 우리를 삼키려 하는 대적으로부터 멀리 옮겨 주실 수 있다. 당신 남편이 굳건히 설 수 있는 최선의 방법은 하나님의 전신갑주를 입는 것이다.

27 남편의 순종

남편에게 해야 할 일을 일러 주기보다는 그의 눈이 진리를 향해 열리고 그의 마음에 확신이 생기게 해주시라고 기도하는 것이 훨씬 더 효과적이다. 가장 큰 영향을 미치는 것은 궁극적으로 하나님의 음성이다.

28 남편의 자아상

자아상이 하나님 안에 잘 감싸여 있을 때 자유롭다. 하나님이 진정 어떤 분이신지 알기 전까지는 자신이 진정 누구인지 결코 모를 것이다. 남편이 자신의 진정한 정체성을 찾을 수 있도록 기도하라.

29 남편의 믿음

남편이 의심할 때가 있는가? 만일 그렇다면 그의 믿음이 늘 성장하게 해주시라고 하는 당신의 기도는 그의 삶에 큰 능력을 발휘할 것이다. 하나님에 대한 믿음을 통해 극복될 수 없는 것은 아무것도 없다.

30 남편의 미래

남편이 매일 세세한 삶의 문제들에만 집중한 채 장래의 비전을 상실하고 있다면, 당신의 기도가 그의 비전을 회복시킬 수 있다. 당신의 기도는 그가 하나님이 자신의 미래이며 자신은 그 미래를 위해 달음질해야 한다는 것을 깨닫게 도와줄 수 있다.

아내를 돕는 기도제목 20가지

01 아내의 남편

오늘날의 남편들도 아담처럼 하나님이 만드신 위대한 걸작품임에 틀림없지만 곁에서 도와줄 아내가 필요하다. 아내와 남편은 삶의 반려자가 되어 서로를 완전하게 만든다. 남편과 아내는 결혼하는 순간 한 몸이 된다.

02 아내의 영혼

아내의 영적 삶을 위해 기도해야 할 한 가지 이유는 아내와 남편 모두 하나님께 소망을 둘 때 훨씬 축복된 삶을 영위해 나갈 수 있기 때문이다. 하나님 대신 서로를 의지할 경우에는 서로의 기대를 온전히 충족시켜 줄 수 없게 되고, 결국 실망할 수밖에 없다.

03 아내의 감정
아내의 감정은 정교하게 만든 바이올린과 같다. 조율이 잘된 바이올린은 아름다운 소리를 낸다. 하지만 바이올린은 매우 섬세한 악기라서 주변 환경에 예민하다. 갑작스런 환경의 변화를 견디지 못한다. 우리가 거의 느끼지 못하는 변화에도 민감하다.

04 아내의 모성
여성들은 어머니와 아내 역할을 둘 다 잘하기를 원한다. 이 부분에서 남편의 기도가 필요하다. 두 가지 일을 동시에 잘해낼 수 있다면 아내와 남편은 물론 자녀에게도 큰 유익이 된다.

05 아내의 기분
'아내의 감정'과 '아내의 기분'을 분리해 다루는 것을 이상하게 생각할지 모르겠다. 이유는 간단하다. 우울함, 슬픔, 근심, 분노와 같은 감정들은 구체적으로 식별이 가능한 정서들이지만, 이에 비해 기분은 이렇다고 딱히 꼬집어 말할 수 없는 애매한 것인 까닭이다.

06 아내의 결혼
결혼도 농작물을 키우는 것과 꼭 같다. 먼저 기도를 통해 행복한 결혼생활을 영위할 수 있는 기름진 토양을 마련해야 하고, 그 다음에 행복한 결혼생활을 만들어 주는 사랑, 성실, 상호 존중, 시간, 대화라는 씨앗들을 심어야 한다.

07 아내의 남편 순종
그리스도가 교회를 사랑하는 것처럼 자신을 사랑해 주는 남편에게는 무엇이라도 해주고 싶어하는 것이 아내의 마음이다. 그런 상황에서 아내는 순종을 조금도 어렵게 느끼지 않는다.

08 아내의 인간관계
어떤 관계를 맺든지 항상 용서하는 마음을 갖고자 하는 것이 중요하다. 관계를 맺고 살다 보면 용서하지 못할 일들이 생기기 마련이다. 하지만 우리는 용서하는 마음을 갖도록 힘써야 한다. 만일 용서하지 못하면 그 마음이 모든 관계에 영향을 미칠 수 있다.

09 아내의 우선 순위
아내의 경우에는 관심을 기울여야 할 일이 무수히 많기 때문에 무엇을 먼저하고 무엇을 나중에 할 것인지 정하는 문제가 그렇게 쉽지 않다. 때문에 이를 위해 남편이 기도해 주어야 한다.

10 아내의 아름다움
남편의 말 한마디가 아내에게 지대한 영향을 미친다. 아내를 격려하며 아름답다고 말해 주면 아내는 자신감을 가질 수 있다. 나는 하나님의 아름다움이 아내를 통해 나타나게 해주시라고 기도한다. 기도하면 반드시 그 결과가 나타난다.

11 아내의 성

여자의 성은 감정, 기억, 관념, 경험, 육체적 요인들과 밀접한 관계가 있다. 여성은 성을 통해 단지 육체적 만족뿐 아니라 감정적 만족을 얻고자 한다. 이런 점에서 아내의 성은 자신에 대한 감정, 남편에 대한 감정이라는 두 가지 감정에 크게 의존한다.

12 아내의 두려움

아내가 고통과 두려움을 오히려 하나님을 의지하는 기회로 삼을 수 있도록 기도해 주기 바란다. 아울러 아내가 자신의 삶에 만족하고 현재의 삶에서 하나님의 목적을 발견할 수 있도록 기도하라.

13 아내의 소명

모든 사람에게는 각기 나름의 은사와 재능이 있다. 아내도 예외는 아니다. 그녀는 자신이 어떤 은사와 재능을 가지고 있는지 알아야 한다. 하나님이 주신 은사를 그분의 뜻대로 사용할 때 아내는 진정 만족스러운 삶을 누릴 수 있다.

14 아내의 신뢰

남편은 세 가지 부분에서 아내의 신뢰를 받아야 한다. 첫째, 남편은 아내에게 절대적으로 성실해야 한다. 둘째, 남편은 가정의 경제를 지혜롭게 꾸려 나가야 하고 건전한 생활을 해야 한다. 셋째, 남편은 아내와 아이들을 사랑과 존경으로 대해야 한다.

15 아내의 보호

남편은 아내가 자신을 돌볼 수 있는 지혜, 힘, 지식, 동기를 갖게 해주시라고 기도해야 한다. 또한 자신이 그러한 기도를 하고 있다고 아내에게 말해 주어야 한다.

16 아내의 소원

아내의 꿈이 무엇인지 묻고 그것을 밖으로 표현할 수 있게 해준다면 해답을 쉽게 찾을 수 있을 것이라고 생각된다. 늘 기쁨에 차서 만족스러워하는 아내를 원한다면 그녀가 소망하는 마음의 꿈이 무엇인지 물어보라. 아내의 소원을 열린 마음으로 경청하라.

17 아내의 일

아내가 어떤 일에 종사하든지 남편의 기도와 격려는 물론 하나님의 인도와 축복이 필요하다. 아내가 자신의 능력에 자신감을 가짐과 동시에 하나님을 전적으로 의지할 수 있도록 기도해 주어야 한다. 그렇게 될 때 아내는 자신이 해야 할 일을 능력 있게 이루어 갈 수 있다.

18 아내의 구원

오직 하나님만이 우리를 위협하는 인생의 풍랑을 잔잔하게 하실 수 있다. 오직 하나님만이 올바른 방향으로 인생의 바다를 항해해 나가게 하신다. 아내가 상처난 과거로부터 닻을 거두고, 성령의 바람에 실려 목적지를 향해 순조로운 항해를 할 수 있도록 기도하기 바란다.

19 아내의 하나님 순종

하나님께 순종함으로써 그분을 기쁘시게 해드렸다는 사실을 알게 되면 그렇게 기쁠 수가 없다. 하나님의 길, 곧 바른 길을 행했을 때 마음에 활력이 생긴다. 한번 그 기쁨을 맛보면 더욱더 그렇게 살고자 열심을 내게 된다.

20 아내의 미래

아내의 미래를 위한 기도는 곧 남편 자신의 미래를 위한 기도이기도 하다. 남편과 아내는 인생의 동반자로 함께 살아간다. 그러므로 아내를 위한 기도는 결국 궁극적으로 남편에게 유익이 된다.

사명선언문

너희가 흠이 없고 순전하여……세상에서 그들 가운데 빛들로
나타내며 생명의 말씀을 밝혀 _ 빌 2:15-16

1. 생명을 담겠습니다
만드는 책에 주님 주신 생명을 담겠습니다.
그 책으로 복음을 선포하겠습니다.

2. 말씀을 밝히겠습니다
생명의 근본은 말씀입니다.
말씀을 밝혀 성도와 교회의 성장을 돕겠습니다.

3. 빛이 되겠습니다
시대와 영혼의 어두움을 밝혀 주님 앞으로 이끄는
빛이 되는 책을 만들겠습니다.

4. 순전히 행하겠습니다
책을 만들고 전하는 일과 경영하는 일에 부끄러움이 없는
정직함으로 행하겠습니다.

5. 끝까지 전파하겠습니다
모든 사람에게, 땅 끝까지, 주님 오시는 그날까지
복음을 전하는 사명을 다하겠습니다.

서점 안내

광화문점 서울시 종로구 새문안로 69 구세군회관 1층
02)737-2288 / 02)737-4623(F)

강남점 서울시 서초구 신반포로 177 반포쇼핑타운 3동 2층
02)595-1211 / 02)595-3549(F)

구로점 서울시 동작구 시흥대로 602, 3층 302호
02)858-8744 / 02)838-0653(F)

노원점 서울시 노원구 동일로 1366 삼봉빌딩 지하 1층
02)938-7979 / 02)3391-6169(F)

일산점 경기도 고양시 일산서구 중앙로 1391 레이크타운 지하 1층
031)916-8787 / 031)916-8788(F)

의정부점 경기도 의정부시 청사로47번길 12 성산타워 3층
031)845-0600 / 031)852-6930(F)

인터넷서점 www.lifebook.co.kr